日商簿記1級に合格するための学校

とおる簿記シリーズ

EXERCISE

日商簿記1級［問題集］
工業簿記・原価計算 基礎編Ⅰ

「合格充実力」養成の1冊

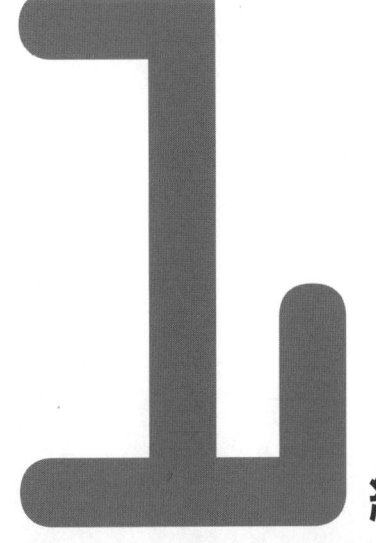
1級

ネットスクール出版

まえがき

ネットスクールでは、よい教材の条件を次のように考えています。

〈よい教材の条件〉
① 表現は平易で、喩えが豊富
② 最後まで無理なく続けられる
③ 最新の出題傾向にマッチ
④ 過去問レベルを考慮
⑤ 「真に活かせる知識」を提供
⑥ 様々なシチュエーションに考慮

　長年刊行してきた『とおるテキスト』シリーズは、多くの読者にご活用いただき、合格者を多数輩出してきました。しかしながら同シリーズも発刊から7年が経過し、受験生の皆様に合格へのロード・マップを示すことに限界が見えてきました。そこでこの度、全面的に刷新し、全く新しい本を提供することになりました。

　それが『とおる簿記シリーズ　日商簿記1級に合格するための学校　問題集』です。完璧とはいかないかもしれませんが、本書は、よい教材の条件を十分に満たし、読者の皆様を最難関の日商簿記1級合格へと導くものと確信しております。

　ぜひ、本書を活用し、日商簿記検定1級という価値ある試験の合格を勝ち取ってください。

ネットスクール「日商簿記に合格するための学校」プロジェクト
2014年11月25日

本書の特徴

❶ 良質の練習問題を厳選

『日商簿記1級に合格するための学校　テキスト』に完全対応。

また、良質の練習問題を厳選して収載しました。ぜひテキストとともに活用してください。

❷ 楽しみながら学習でき、最後まで無理なく続けられる

私達が扱う書籍は、小説のように読んで顛末がわかったらおしまい、という一過性のものではありません。少なくとも読者は数ヵ月をその本と共に過ごします。そのため、購入後も様々な形でサポートしたいと考えました。

内容の質問を電話やメールで受ける、わからないときに解説動画を視る、あるいは本の活用方法に至るまで、無料のスマホ・サイト「日商簿記1級に合格するための学校　愛読者サポートWebキャンパス」に集約し、快適に学習できるように配慮しています。（2014年12月5日登録開始。その後、順次サービス開始予定）

 ←QRコードから簡単アクセス！ネットスクールが提供する、読者限定の全く新しいサービスです。
日商簿記に合格するための学校 愛読者サポート Webキャンパス

❸ 最新の出題傾向にマッチしている

今回の執筆に当たり、70回台の試験から、現在の試験まで数十回の試験をひととおり解き直し、最新の出題傾向を考慮した例題としました。また、完成編では、いわゆる難関過去問題のポイントを解説。最新の出題傾向にマッチした内容となっています。

❹ 過去問レベルまでムリなくステップアップ

　一般的な1級カリキュラムでは、一つの章に平易な内容と難しい内容が混在し、学習者のやる気をくじく傾向がありました。そこで本シリーズでは、基礎編と完成編に分け、難関論点と過去問レベルの解説を完成編に配置することで、でこぼこがない学習環境を実現しています。

　また、基礎編（Ⅰ）（Ⅱ）の2冊で全出題範囲の7割をカバー。そのため、この2冊を学習することで、1級合格に最低限必要な知識を養うことができます。

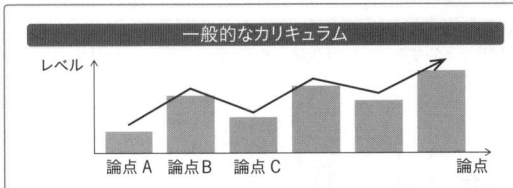
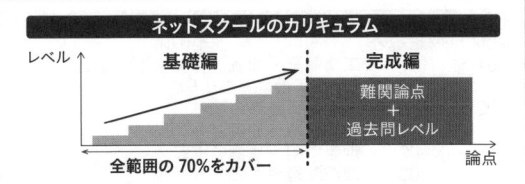

❺ 様々なシチュエーションに考慮している

　今やスマートフォンやタブレットが私たちの生活の一部になり、学習ツールとしても注目されています。そこで通勤通学の時間に活用できるよう、電子書籍や問題集アプリなどを用意しました。自宅では書籍を広げて、移動中はコンパクトにスマホで、という学習環境を実現しています。

電子書籍

ネットスクールの電子書籍は下記のサイトで販売しています。

http://jikogaku.jp/　　自己ガク　[検索]

問題集App

※本書対応Appも続々、リリース予定です！

日商簿記を学習する方に超オススメアプリ登場！

¥0 完全無料アプリ《分ければ解かる》

3級：40題　2級：74題　1級：79題　が1つのアプリに。

とにかくダウンロードしてみよう！

このアプリを使えば、ゲーム感覚で学習でき、スキマ時間の有効活用に最適です。

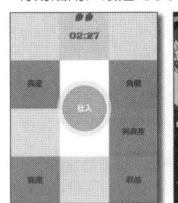
制限時間が表示され、正解すると花が咲きます

不正解ならテキストの対応ページを表示

間違えた問題だけ再チャレンジできる優れものです

"本"に対応したアプリです

サクッと学べる ¥100 アプリ
スキマ時間はスマホでサクサク勉強

知識の習得はテキストで → 問題演習はアプリで！

アプリの特徴
● 択一形式でとてもシンプル
● テキストの問題と連動
● 苦手な問題を記憶し再出題

発売中のアプリ
サクッとうかる日商簿記3級
（仕訳100問）
サクッとうかる日商2級商業簿記（仕訳160問）

今後、リリース予定のアプリ
サクッとうかる宅建／サクッとうかる宅建厳選過去問
サクッとうかるマンション管理士（すべて¥100）

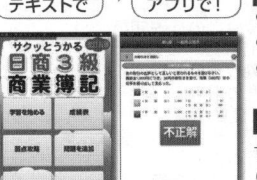

アプリのダウンロードはこちらから ▶▶▶▶

達成度チェックシート

START! 基礎編I  Clear! 基礎編II Clear! 完成編 GOAL! 過去問題にチャレンジ！

基礎編I　合格基本力養成

チェック欄は日付と達成度を記入
達成度　○⇒完璧　△⇒解けたけど自信がない
　　　　×⇒自力で解けなかった
○の問題も定期的に見直そう

Chapter01　学習をはじめるにあたって

Section	問題番号	タイトル	重要度	ページ	日付・チェック欄	テキストの対応ページ
01		工業簿記・原価計算で学習すること				1-02
		該当する問題はありません				
02		原価計算基準の基本				1-06
	01	理論問題〜原価計算の目的〜	★★★☆☆	1-02	／□／□／□	
	02	理論問題〜原価の本質〜	★★☆☆☆	1-02	／□／□／□	
	03	理論問題〜原価の分類〜	★★☆☆☆	1-03	／□／□／□	
03		製造業の勘定連絡と財務諸表				1-18
	04	勘定連絡	★☆☆☆☆	1-04	／□／□／□	
	05	損益計算書の作成	★☆☆☆☆	1-05	／□／□／□	
	06	製造原価報告書の作成	★☆☆☆☆	1-06	／□／□／□	

Chapter02　材料費会計

Section	問題番号	タイトル	重要度	ページ	日付・チェック欄	テキストの対応ページ
01		材料費会計の基礎知識				2-02
		該当する問題はありません				
02		材料購入の会計処理				2-05
	01	材料副費	★★★☆☆	2-02	／□／□／□	
03		材料消費の会計処理				2-12
	02	実際消費額	★☆☆☆☆	2-03	／□／□／□	
	03	継続記録法と棚卸計算法	★★☆☆☆	2-03	／□／□／□	
	04	材料費会計の勘定連絡	★★★★☆	2-04	／□／□／□	
	05	理論問題〜材料費〜	★★★☆☆	2-05	／□／□／□	

Chapter03　労務費会計

Section	問題番号	タイトル	重要度	ページ	日付・チェック欄	テキストの対応ページ
01		労務費会計の基礎知識				3-02
		該当する問題はありません				
02		支払賃金の会計処理				3-05
	01	賃金の未払い	★☆☆☆☆	3-02	／□／□／□	
03		消費賃金の会計処理				3-09
	02	直接労務費と間接労務費	★★☆☆☆	3-03	／□／□／□	
	03	支払賃金と消費賃金	★★☆☆☆	3-04	／□／□／□	
	04	労務費会計の勘定連絡	★★★★☆	3-05	／□／□／□	
	05	定時間外作業手当	★★★☆☆	3-06	／□／□／□	
	06	理論問題〜労務費〜	★★☆☆☆	3-07	／□／□／□	

Chapter04　経費会計

Section	問題番号	タイトル	重要度	ページ	日付・チェック欄	テキストの対応ページ
01		経費会計の基礎知識				4-02
	01	理論問題〜経費〜	★★☆☆☆	4-02	／□／□／□	
02		外注加工賃				4-07
	02	外注加工賃の処理	★★★★★	4-03	／□／□／□	

Chapter05　製造間接費会計

Section	問題番号	タイトル	重要度	ページ	日付・チェック欄	テキストの対応ページ
01		製造間接費会計の基礎知識				5-02
		該当する問題はありません				
02		製造間接費の予定配賦				5-07
	01	基準操業度の選択	★★☆☆☆	5-02	／□／□／□	
	02	固定予算と変動予算	★★★☆☆	5-02	／□／□／□	
	03	製造間接費の予定配賦と配賦差異	★★★☆☆	5-03	／□／□／□	
	04	損益計算書の作成	★★★★☆	5-04	／□／□／□	
	05	理論問題〜製造間接費	★★☆☆☆	5-05	／□／□／□	

Chapter06　製造間接費の部門別計算(1)

Section	問題番号	タイトル	重要度	ページ	日付・チェック欄	テキストの対応ページ
01		部門別計算〜第1次集計と第2次集計〜				6-02
	01	直接配賦法	★☆☆☆☆	6-02	／□／□／□	
	02	相互配賦法(簡便法)	★★★☆☆	6-02	／□／□／□	
	03	階梯式配賦法〜補助部門の順位付け〜	★★★☆☆	6-03	／□／□／□	
	04	階梯式配賦法〜勘定記入〜	★★★☆☆	6-03	／□／□／□	
	05	理論問題〜原価の部門別計算〜	★★☆☆☆	6-04	／□／□／□	
02		製造間接費の部門別予定配賦				6-14
	06	製造部別予定配賦(補助部門費・直接配賦法)	★★★☆☆	6-05	／□／□／□	
	07	製造部別予定配賦(補助部門費・階梯式配賦法)	★★★★☆	6-06	／□／□／□	

Chapter07	実際個別原価計算				
Section	問題番号	タイトル	重要度	ページ	日付・チェック欄	テキストの対応ページ
01		個別原価計算の基礎知識				7-02
	01	完成品原価と仕掛品原価	★★☆☆☆	7-02	/ □ / □ / □	
02		個別原価計算における仕損の処理				7-18
	02	仕損費の直接経費処理	★★★☆☆	7-03	/ □ / □ / □	
	03	仕損費の間接経費処理	★★★★★	7-04	/ □ / □ / □	
	04	理論問題～個別原価計算における仕損の処理～	★★★☆☆	7-05	/ □ / □ / □	

Chapter08	総合原価計算の基礎				
Section	問題番号	タイトル	重要度	ページ	日付・チェック欄	テキストの対応ページ
01		総合原価計算の基礎知識 該当する問題はありません。				8-02
02		単純総合原価計算				8-08
	01	月末仕掛品の評価(平均法・修正先入先出法)	★☆☆☆☆	8-02	/ □ / □ / □	
	02	純粋先入先出法	★★★☆☆	8-03	/ □ / □ / □	
	03	追加材料の処理(平均的投入・終点投入)	★★★★☆	8-04	/ □ / □ / □	
	04	追加材料の処理(途中点投入)	★★★★☆	8-05	/ □ / □ / □	
	05	理論問題～単純総合原価計算～	★★★☆☆	8-05	/ □ / □ / □	

Chapter09	総合原価計算と仕損・減損(I)				
Section	問題番号	タイトル	重要度	ページ	日付・チェック欄	テキストの対応ページ
01		仕損・減損の基礎知識				9-02
	01	異常仕損費の処理	★★☆☆☆	9-02	/ □ / □ / □	
02		非度外視法				9-07
	02	正常減損非度外視法～減損が定点で発生～	★★★☆☆	9-03	/ □ / □ / □	
	03	正常減損非度外視法～減損が平均的に発生～	★★★★☆	9-04	/ □ / □ / □	
03		度外視法				9-24
	04	正常減損度外視法～減損が定点で発生～	★★★☆☆	9-05	/ □ / □ / □	
	05	正常減損度外視法～減損が平均的に発生～	★★★★☆	9-06	/ □ / □ / □	
	06	理論問題～総合原価計算における減損費の処理～	★★★☆☆	9-07	/ □ / □ / □	
04		仕損費評価額の処理				9-35
	07	正常仕損非度外視法(仕損品評価額あり)～仕損が定点で発生～	★★★★★	9-08	/ □ / □ / □	
	08	正常仕損度外視法(仕損品評価額あり)～仕損が定点で発生～	★★★★★	9-09	/ □ / □ / □	

Chapter10	工程別総合原価計算(I)				
Section	問題番号	タイトル	重要度	ページ	日付・チェック欄	テキストの対応ページ
01		工程別総合原価計算～累加法～				10-02
	01	累加法	★★★☆☆	10-02	/ □ / □ / □	
	02	累加法～工程間振替での予定価格の適用～	★★★★☆	10-03	/ □ / □ / □	
	03	理論問題～工程別総合原価計算～	★★☆☆☆	10-04	/ □ / □ / □	

基礎編II 合格充実力養成

Chapter01 標準原価計算の基礎
01 標準原価計算の基礎
02 標準原価計算の計算手続
03 標準原価計算の勘定記入
04 標準原価差異の分析

Chapter02 標準原価計算と仕損・減損(2)
01 仕損・減損のある標準原価計算

Chapter03 CVP分析
01 ようこそ管理会計の世界へ
02 CVP分析の基礎
03 基本的なCVP分析
04 さまざまなCVP分析
05 利益の分析
06 原価の固変分解

Chapter04 直接原価計算
01 直接原価計算
02 直接標準原価計算

Chapter05 最適セールス・ミックスの決定
01 最適セールス・ミックスの決定

Chapter06 予算実績差異分析
01 予算実績差異分析
02 数量差異の詳細分析

Chapter07 業務的意思決定(1)
01 意思決定会計とは
02 意思決定で用いられる原価の概念
03 差額原価収益分析

Chapter08 設備投資意思決定(1)
01 設備投資意思決定の概要
02 貨幣の時間価値
03 キャッシュ・フロー予測とタックス・シールド
04 資本コスト
05 投資案の評価方法
06 設備投資意思決定の解き方と例題

ここまでで出題範囲の7割をカバー！

完成編 合格決定力養成

Chapter01 製造間接費の部門別計算(2)
・連立方程式法 ・複数基準配賦法

Chapter02 総合原価計算と仕損・減損(2)
・減損が安定的に発生する場合

Chapter03 工程別単純総合原価計算(2)
・非累加法 ・加工費法

Chapter04 組別総合原価計算・等級別総合原価計算

Chapter05 連産品の原価計算

Chapter06 標準原価計算と仕損・減損(2)
・工程途中の一定点で発生する場合
・配合差異と歩留差異

Chapter07 標準原価計算のその他の計算形態
・工程別標準原価計算 ・工程外仕掛品の処理
・ロット別標準原価計算 ・過去問レベルの問題解説

Chapter08 事業部の業績測定

Chapter09 企業予算の編成

Chapter10 業務的意思決定(2)
・追加加工の要否
・完全操業状態で変動費が埋没原価になる場合
・常備材料の取り扱い
・過去問レベルの問題解説

Chapter11 設備投資意思決定(2)
・拡張投資 ・合理化投資 ・新規大規模投資
・過去問レベルの問題解説

Chapter12 戦略の策定と遂行のための原価計算

vii

無料サービス
日商簿記試験に合格するための学校　愛読者サポート
［Webキャンパス］のご案内

独学には不安がつきものです。こんな悩み、持ったことはありませんか？

「本を購入したが、途中で躓いてしまった」
「どうやって解くのかわからない問題がある」
「質問したいのだが、質問をする相手がいない」
「過去問題を使わないと受からないの？」
「試験申込みの日程をリマインドしてほしい」

そこで「日商簿記試験に合格するための学校　愛読者サポート［Webキャンパス］」です。

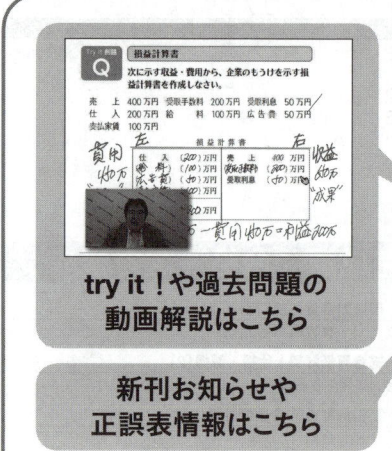

try it！や過去問題の
動画解説はこちら

新刊お知らせや
正誤表情報はこちら

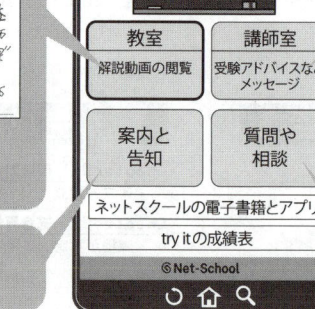

講師からの
メッセージ・本の
活用方法はこちら

電話、メールでの
質問はこちら

このサービスは、
① 解説動画を視聴できる
② 質問電話や質問メールで疑問を解決
③ 受験情報をお持ちのスマホやタブレットに送信
するネットスクール読者限定の全く新しいサービスです。

日商簿記試験に合格するための学校　愛読者サポート

登録はカンタン！　QRコードから空メールを送信するだけで、
上記サービスを無料で利用できます。ぜひ、登録してください！

ネットスクール　検索　http://www.ns-2.jp/webcampus/

90%の方から「受講して本当によかった」*との回答をいただきました。

*「Web講座を受講してよかったか」という設問に0〜10の段階中6以上を付けた人の割合。

日商簿記試験に合格するための学校 Web講座

ここが違う！

❶教材
大好評の『日商簿記1級に合格するためのテキスト』（1級講座）『サクッとうかる日商簿記テキスト』（3・2級講座）を使っています。

❷Web&ライブ
ライブでの開講です。全国の受験生と同じ時間に受講できます。リアル感を共有できます。

❸講師
圧倒的にわかりやすい。圧倒的に面白い。ネットスクールの講師は大手学校で長年看板講師を務めた講師ばかり。その講義は群を抜くわかりやすさです。

受講生のアンケート回答結果

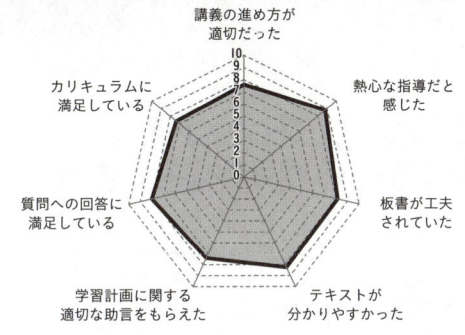

講師陣

桑原知之講師
Web講座2級担当

中村雄行講師
Web講座1級商会担当

山田裕基講師
Web講座1級工原及び3級担当

無料体験しませんか？ 開講コース案内　　1級コース

標準コース　じっくり学習したい方向けのコースです。初学者の方や、実務経験のない方でも、わかり易く取引をイメージして学習していきます。お仕事が忙しくても1級にチャレンジされる方向きです。

	初めて受講する方
教材込	124,800 円
教材別	100,800 円

*12月開講のコースのみ
工業簿記・原価計算（ライブ）が
2度ご受講いただけます（講義内容は同一）

速修コース　短期間で集中して1級合格を目指すコースです。比較的残業が少ない等、一定の時間が取れる方向きです。また、税理士試験を目指す方（特に受験資格が必要な方）にもピッタリのコースです。

	初めて受講する方
教材込	104,200 円
教材別	80,200 円

お問い合わせ・お申し込みは

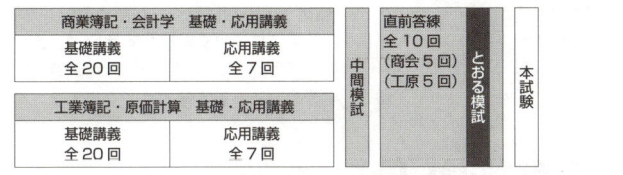

ネットスクール簿記WEB講座　フリーコール 0120-979-919
http://www.net-school.co.jp/

スマホで勉強できる今までにない講座受講ができる

モバイルスクール
mobile school

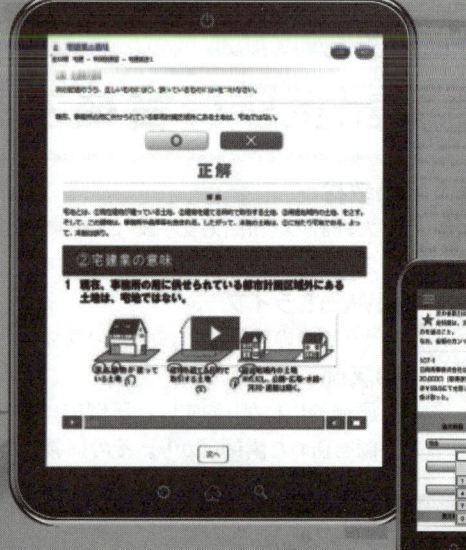
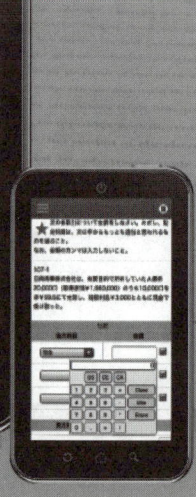

今までなかった
スマホ※で勉強できるレッスン方式!!

カリキュラムも充実しており
難易度の高い資格から趣味としての
講座まで多彩なラインナップ!

まずは無料体験!

※パソコン・タブレット端末でも利用可能

特長1
スマホ・タブレットでも学べるから場所を選ばない

学校に通ったり机に向かったりするだけが勉強の
やり方ではありません。モバイルスクールを使えば
お手持ちのパソコンやスマホ・タブレットがあなただけの
教室や問題集になります

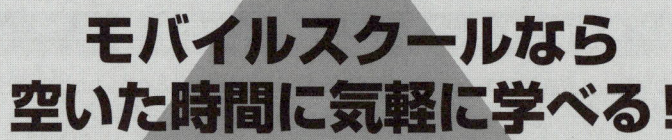

モバイルスクールなら
空いた時間に気軽に学べる!

特長2
短時間で学べるから通勤や休憩時でもOK

「勉強したいけど時間がない」とお悩みの方でも
大丈夫。通勤・通学途中や休憩中などの
「スキマ時間」を有効活用して学習できます。

特長3
好きなものだけできるだから安い

「確認テストだけたくさん解きたい」など
ご要望になるべくお応えするラインナップをご用意
する予定です。「必要な分だけ」お支払い頂くので
学習のコストも大幅カットできます。

無料体験実施中!

ネットスクール [検索] 今すぐアクセス!

http://www.net-school.co.jp/

困っていませんか？

try itの解説動画をみたい	スマホサイト[Webキャンパス]のサイト上から動画を閲覧できます。
正誤表があるか、確認したい	スマホサイト[Webキャンパス]に登録ください。正誤が発生したらメールでお知らせします。
	HPから確認する(ネットスクールのトップページ右上の「読者の方へ」からご確認いただけます)。
受験相談をしたい	スマホサイト[Webキャンパス]のサイト上から相談電話が掛けられます。
過去問題の解説動画をみたい	スマホサイト[Webキャンパス]のサイト上から動画を閲覧できます。
本の使い方がわからない	スマホサイト[Webキャンパス]のサイト上にあるアドバイスを閲覧できます。
質問電話がしたい	スマホサイト[Webキャンパス]のサイト上から質問電話が掛けられます
質問メールがしたい	スマホサイトWebキャンパスに登録ください。スマホサイトからメールを送ります。
本試験申し込み締切日をリマインドしてほしい	スマホサイトWebキャンパスに登録ください。スマホサイトからメールを送ります。

目次 Contents

1級合格のために、3つの合格力
基本力+充実力+決定力 を身に付けろ！
日商簿記1級に合格するための学校
日商簿記1級[問題集]
工業簿記・原価計算　基礎編I

「合格基本力」養成の1冊

Chapter 01　学習を始めるにあたって
Section01　工業簿記・原価計算で学習すること　　該当する問題はありません。
Section02　原価計算基準の基本　　1-02　問題01〜03
Section03　製造業の勘定連絡と財務諸表　　1-04　問題04〜06

Chapter 02　材料費会計
Section01　材料費会計の基礎知識　　該当する問題はありません。
Section02　材料購入の会計処理　　2-02　問題01
Section03　材料消費の会計処理　　2-03　問題02〜05

Chapter 03　労務費会計
Section01　労務費会計の基礎知識　　該当する問題はありません。
Section02　支払賃金の会計処理　　3-02　問題01
Section03　消費賃金の会計処理　　3-03　問題02〜06

Chapter 04　経費会計
Section01　経費会計の基礎知識　　4-02　問題01
Section02　外注加工賃　　4-03　問題02

Chapter 05　製造間接費会計
Section01　製造間接費会計の基礎知識　　該当する問題はありません。
Section02　製造間接費の予定配賦　　5-02　問題01〜05

Chapter 06　製造間接費の部門別計算(1)
Section01　部門別計算〜第1次集計と第2次集計〜　　6-02　問題01〜05
Section02　製造間接費の部門別予定配賦　　6-05　問題06〜07

Chapter 07　実際個別原価計算
Section01　個別原価計算の基礎知識　　7-02　問題01
Section02　個別原価計算における仕損の処理　　7-03　問題02〜04

Chapter 08　総合原価計算の基礎
Section01　総合原価計算の基礎知識　　該当する問題はありません。
Section02　単純総合原価計算　　8-02　問題01〜05

Chapter 09　総合原価計算と仕損・減損(1)
Section01　仕損・減損の基礎知識　　9-02　問題01
Section02　非度外視法　　9-03　問題02〜03
Section03　度外視法　　9-05　問題04〜06
Section04　仕損品評価額の処理　　9-08　問題07〜08

Chapter 10　工程別総合原価計算(1)
Section01　工程別総合原価計算 -累加法-　　10-02　問題01〜03

答案用紙　　別冊答案用紙をご利用ください。
解答解説　　別冊解答解説編をご覧下さい。

Section 02-03

学習を始めるにあたって

問題編
- Section 02　原価計算基準の基本……………………P.1-02
  - 問題01　理論問題〜原価計算の目的〜
  - 問題02　理論問題〜原価の本質〜
  - 問題03　理論問題〜原価の分類〜
- Section 03　製造業の勘定連絡と財務諸表…………P.1-04
  - 問題04　勘定連絡
  - 問題05　損益計算書の作成
  - 問題06　製造原価報告書の作成

※本ChapterにはSection 01の問題はありません。

Section 02 原価計算基準の基本

問題 01 理論問題～原価計算の目的～

次の文章は『原価計算基準』から、原価計算の目的に関する文章を一部抜粋したものである。空欄に入る適切な語句を解答しなさい。

　原価計算には、各種の異なる目的が与えられるが、主たる目的は、次のとおりである。
1. 企業の出資者、債権者、経営者等のために、過去の一定期間における損益ならびに期末における財政状態を（　ア　）に表示するために必要な真実の原価を集計すること。
2. （　イ　）に必要な原価資料を提供すること。
3. 経営管理者の各階層に対して、（　ウ　）に必要な原価資料を提供すること。
4. 予算の編成ならびに予算統制のために必要な原価資料を提供すること。
5. 経営の（　エ　）を設定するに当たり、これに必要な原価情報を提供すること。

問題 02 理論問題～原価の本質～

原価の本質に関する次の文章について、下線部のいずれか1つの語句に誤りがある。誤っていると思われる語句の記号をⅠ欄に記入した上で、それに代わる正しいと思われる語句をⅡ欄に記入しなさい。

1. 原価は、経済価値（a）の消費である。
2. 原価は、経営において作り出された一定の給付（b）に転嫁される価値であり、その給付にかかわらせて、は握されたものである。
3. 原価は、経営目的に関連したものである。したがって、例えば材料の購入のために要した借入金の利息は、原則として原価を構成する（c）。
4. 原価は、正常的なものである。したがって、工場建物の火災など異常な状態を原因とする価値の減少を含まない（d）。

問題 03 理論問題〜原価の分類〜

問1．次の図は原価の分類について示したものである。空欄ア．〜エ．に適語を補充し、完成させなさい。

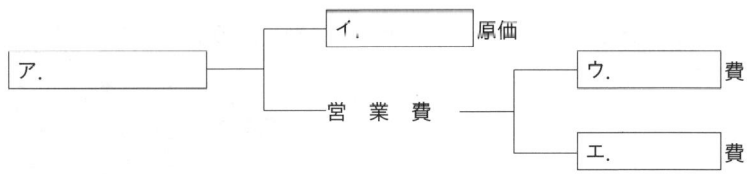

問2．次の図は製造原価を（a）形態別（b）製品との関連の2つの観点から分類し、両者の関係を示したものである。空欄ア．〜オ．に適語を補充し、完成させなさい。

	（エ．　　　）	（オ．　　　）
（ア．　　　）費	直 接 材 料 費	間 接 材 料 費
（イ．　　　）費	直 接 労 務 費	間 接 労 務 費
（ウ．　　　）費	直 接 経 費	間 接 経 費

Section 03 製造業の勘定連絡と財務諸表

問題 04 勘定連絡

★☆☆☆☆ 基本
答案用紙 P.002
解答・解説 P.1-04

次の取引について仕訳を示すとともに、答案用紙の諸勘定に転記しなさい。また、一部の金額が答案用紙に印刷されているので注意すること。

取引

(1) 材料の仕入高(手形支払い)　　　100,000円
(2) 材料の消費高
　　直接材料費　　　　　　　　　　50,000円
　　間接材料費　　　　　　　　　　30,000円
(3) 賃金・給料の支払高(現金払い)　300,000円
(4) 賃金・給料の消費高
　　直接労務費　　　　　　　　　210,000円
　　間接労務費　　　　　　　　　 70,000円
　　販売費及び一般管理費　　　　 20,000円
(5) 経費の支払高(小切手払い)　　250,000円
(6) 経費の消費高
　　間接経費　　　　　　　　　　180,000円
　　販売費及び一般管理費　　　　 70,000円
(7) 製造間接費の配賦高　　　　　　　? 円
(8) 完成品の製造原価　　　　　　520,000円
(9) 製品売上高(掛)　　　　　　1,000,000円
(10) 売上原価　　　　　　　　　 600,000円
(11) 売上高、売上原価、販売費及び一般管理費を月次損益勘定に振り替えた。

問題 05 損益計算書の作成

次に示す当社の年間の資料にもとづき、答案用紙の仕掛品勘定および損益計算書を完成させなさい。ただし、製造間接費の予定配賦から生じる原価差異は、売上原価に賦課するものとする。

資料

1. 直接工賃金当期支払高　　　142,800円
2. 直接材料当期仕入高　　　　462,000円
3. 製造間接費当期実際発生額　　88,200円
4. 売上高　　　　　　　　　1,120,000円
5. 販売費及び一般管理費　　　224,000円
6. 期首直接材料有高　　　　　25,200円
7. 期末直接材料有高　　　　　32,200円
8. 製造間接費当期予定配賦額　　98,000円
9. 期首仕掛品有高　　　　　　8,400円
10. 期末仕掛品有高　　　　　12,600円
11. 期首製品有高　　　　　　28,000円
12. 期末製品有高　　　　　　36,400円
13. 営業外収益　　　　　　　42,000円
14. 営業外費用　　　　　　　35,000円
15. 期首直接工賃金未払高　　25,200円
16. 期末直接工賃金未払高　　30,800円

問題 06 製造原価報告書の作成

次の資料にもとづき、答案用紙の製造原価報告書を完成させるとともに、当期の売上原価を求めなさい。

資料

1. 棚卸資産有高

		期首有高	期末有高
(1)	製　　　　品	364,000円	294,000円
(2)	仕　掛　品	145,600円	140,000円
(3)	工場消耗品	18,200円	15,400円
(4)	主　要　材　料	64,400円	?　円

　　主要材料期末帳簿棚卸数量　　800個　　主要材料期末実地棚卸数量　　780個
　　主要材料期末1個当たり原価　　100円

　　材料棚卸減耗費のうち、5分の4は製造経費とし、残りは非原価項目として処理する。また、材料の評価損は生じていないものとする。

2. 主要材料購入高　　　　　　　535,000円
3. 工場消耗品購入高　　　　　　 77,000円
4. 賃金
   (1) 賃金支払高　　　　　　　　515,200円
   (2) 期首賃金未払高　　　　　　 33,600円
   (3) 期末賃金未払高　　　　　　 39,200円
5. 経費
   (1) ① 電力料支払高　　　　　　147,000円
       ② 期首電力料未払高　　　　 19,600円
       ③ 期末電力料未払高　　　　 23,800円
   (2) 運賃支払高　　　　　　　　 36,400円
   (3) ① 保険料支払高　　　　　　 67,200円
       ② 期末保険料前払高　　　　 16,800円
   (4) 減価償却費(すべて製造関係)　95,200円

Section
02-03

Chapter
02

材料費会計

問題編

Section 02　材料購入の会計処理………P.2-02
　問題01　材料副費
Section 03　材料消費の会計処理………P.2-03
　問題02　実際消費額
　問題03　継続記録法と棚卸計算法
　問題04　材料費会計の勘定連絡
　問題05　理論問題〜材料費〜

※本ChapterにはSection01の問題はありません。

Section 02 材料購入の会計処理

問題 01 材料副費

問1． A社では予定配賦により材料副費を材料の購入原価に含めている。材料120,000円（400個）を購入し、代金は小切手で支払う。以下の資料により(1)購入代価を配賦基準とする場合の仕訳と勘定記入を示し、(2)購入数量を基準とする場合の仕訳を示しなさい。

📋 資料

1. 材料購入予定（年間）　予定購入代価　2,000,000円
　　　　　　　　　　　　予定数量　　　10,000個
2. 材料副費予定額（年間）　　　　　　　50,000円
3. 材料副費実際発生額　　　　　　　　　3,500円（現金で支払い）

問2． B社では材料副費を庫出材料および月末棚卸高に予定配賦している。当月における材料の庫出と月末棚卸高は次のとおりであった。この場合の当月の材料に関する仕訳と勘定記入を示しなさい。

📋 資料

1. 庫出：直接材料費　800,000円　　間接材料費　200,000円
2. 月末棚卸高　100,000円（月初棚卸高はない）
3. 材料副費実際発生額　60,000円（現金で支払い）
4. 材料副費予定配賦率　庫出材料価額の5％（月末材料への配賦額も同率とする）

Section 03 材料消費の会計処理

 実際消費額

次の材料の月間受払データにもとづき、先入先出法、移動平均法、総平均法による材料の月末残高を示しなさい。なお、減耗は発生しなかったものと仮定する。

📋 資料

5月1日	100kg 購入	(@108円)	10,800円
5月6日	200kg 購入	(@120円)	24,000円
5月15日	150kg 払出		
5月21日	250kg 購入	(@160円)	40,000円
5月27日	280kg 払出		

  継続記録法と棚卸計算法

下記に示した当月の資料にもとづき、答案用紙の各勘定の記入を完成しなさい。

📋 資料

1. 材料の月初有高および当月の購入状況は次のとおりである。なお、材料の購入はすべて掛けによっている。

	月初有高		当月購入	
	数量	購入原価	数量	購入原価
主要材料	250kg	55,000円	1,000kg	231,000円
補助材料	150kg	22,050円	400kg	67,200円

2. 主要材料は継続記録法、補助材料は棚卸計算法により実際消費量を把握しており、当月の材料払出および実地棚卸の状況は次のとおりである。なお、主要材料は購入時に予定価格(@220円)により受入記帳をしている。実際価格の計算は主要材料、補助材料どちらも先入先出法によっている。補助材料の実地棚卸数量は50kgであった。主要材料については棚卸減耗は生じていない。

	払 出			
主要材料	第1回払出 (すべて直接材料)	900kg	第2回払出 (すべて間接材料)	50kg
補助材料	? kg			

問題 04 材料費会計の勘定連絡

★★★★☆ 応用

次の資料にもとづき、答案用紙の諸勘定に記入を行いなさい。

資料

1. 材料の月初有高および当月の購入に関する資料は、次のとおりである。

	月初有高		当月購入	
	数　量	購入原価	数　量	購入代価
A　材　料	800kg	307,440円	2,000kg	760,000円
B　材　料	400kg	163,800円	5,000kg	2,100,000円

2. 実際購入原価の算定にあたって、外部副費は購入代価の5％という予定配賦率を使用して、購入原価に算入する。内部副費は実際発生額を間接経費とする。なお、当月の材料副費の実際発生額は、次のとおりである。

引 取 運 賃	28,800円	保 管 費	40,000円
購入事務費	23,000円	保 険 料	42,800円
買入手数料	71,800円	検 収 費	15,000円

3. 材料の実際消費量は、継続記録法により把握している。出庫票の記載内容を示すと次のとおりである。なお、材料の実際消費価格は、先入先出法により計算している。

　　A材料　第1回払出　　主要材料として　　1,300kg
　　　　　　第2回払出　　補助材料として　　　700kg
　　B材料　第1回払出　　補助材料として　　　800kg
　　　　　　第2回払出　　主要材料として　　4,100kg

4. 月末に実地棚卸を行ったところ、実地棚卸高はA材料が800kg、B材料が400kgであった。なお、当月に発生した減耗はすべて経常性があると認められる。

5. 材料の払出しには予定消費価格を用いており、A材料の予定消費価格は390円/kg、B材料の予定消費価格は430円/kgである。

問題 05 理論問題〜材料費〜

次のア．〜キ．の文章は、材料費会計について述べたものである。妥当と思われるものには○を、妥当ではないと思われるものには×を記入しなさい。なお、重要性の原則は考慮しない。

ア．形態別分類によると、材料費はおおむね、素材費、買入部品費、工場消耗品費等に細分される。

イ．材料の購入原価は、原則として、購入代価に買入手数料、引取運賃、荷役費、保険料等の材料買入に要した引取費用を加算した金額、または、これらの金額に購入事務、検収、整理、選別、手入、保管等に要した費用を加算した金額によって計算するが、材料輸入のさいに課せられる関税は税金であるので引取費用に含めない。

ウ．材料の購入原価は、必要ある場合には、引取費用が生じていたとしても、購入代価のみから計算することもできる。

エ．実際原価計算においては、出入記録を行う材料に関する原価は、原価計算期間における実際の消費量に、実際の消費価格を乗じて計算しなければならない。

オ．材料の実際の消費量は、原則として継続記録法によって計算する。ただし、材料であって、その消費量を継続記録法によって計算することが困難なものまたはその必要のないものについては、棚卸計算法を適用することができる。

カ．同種材料の購入原価が異なる場合、その実際の消費価格の計算には、先入先出法、移動平均法、総平均法、個別法のうちいずれかが適用される。

キ．材料の購入原価は実際原価で計算する必要があるため、予定価格等をもって計算することができない。

Column おすすめ勉強法
やる気が出ないとき、集中できないとき

　勉強を続けていると、やる気が出ないときがあります。そんなときのおすすめは、ずばり**片付け**です。机の周りは綺麗ですか？書類や本が積み上がっていませんか。とにかく片付けをしましょう。ピカピカにしましょう。あら不思議。ちょっと勉強してみようかな、なんて気持ちになったりします。

　それでもダメなとき、というか、そもそも片付けすらもする気が起きない時、こんなときは思い切ってお休みしましょう。大切なことは、ダラダラ休むのではなく、「**休むことも大事な勉強**」と思って自信と勇気を持って休むこと。2日とか3日とか時間を区切って休みましょう。不安かもしれませんが、大丈夫、必ず取り返せます。

　もう一つ、なんとか机に向かって勉強はしているのだけれど、集中出来なくてだらだらしてしまう時があります。こんなときのテクニックを1つご紹介します。

　キッチンタイマーを使いましょう。時間を区切って勉強するのです。例えば、30分にセットしてアラームが鳴ったら終了です。もうそれ以上は勉強しません。今日勉強しようと思っていた論点はなんとしても30分以内に終わらせなければならないのです。そんな意気込みで勉強してみてください。見違えるように集中出来るはずです。

　何分にセットするかは、得意、不得意で調整するといいと思います。たとえば得意な論点は60分、苦手論点は30分とか。30分でも苦痛なら15分にするとか。きっと自分の集中できる時間が発見出来るはずです。是非トライしてみてください。

Section
02-03

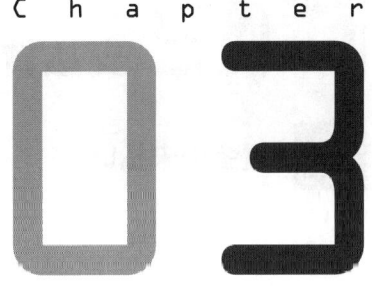

労務費会計

問題編

Section 02 　支払賃金の会計処理………P.3-02
　問題01　賃金の未払い
Section 03 　消費賃金の会計処理………P.3-03
　問題02　直接労務費と間接労務費
　問題03　支払賃金と消費賃金
　問題04　労務費会計の勘定連絡
　問題05　定時間外作業手当
　問題06　理論問題〜労務費〜

※本ChapterにはSection 01の問題はありません。

Section 02 支払賃金の会計処理

問題 01 賃金の未払い

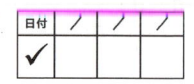

当工場の工具はすべて直接工であり、その労務費は実際消費賃率によって計算している。そこで、1．当月の賃金消費額を計算し、2．各取引の仕訳を示しなさい。なお、未払賃金について(1)未払賃金勘定で繰り越す方法と(2)賃金勘定で繰り越す方法のそれぞれについて答えなさい。ただし、仕訳が不要な場合には仕訳なしと借方の勘定科目欄に記入すること。

ア．前月末日における未払賃金は20,000円であった。

イ．給与支給日に直接工の賃金160,000円につき、源泉所得税等15,000円を差し引き、正味支給額を小切手を振り出して支払った。

ウ．当月末日における未払賃金は30,000円であった。

エ．直接工の当月就業時間はすべて直接作業時間であることが判明した。そこで、当月の賃金消費額を仕掛品勘定に振り替えた。

Section 03 消費賃金の会計処理

問題 02 直接労務費と間接労務費

★★☆☆☆ 基本
答案用紙 P.010
解答・解説 P.3-01

次の資料にもとづき、当期の直接労務費および間接労務費の金額を求めなさい。

資料

1. 直接工の労務費に関する資料は、次のとおりである。
   直接工の予定消費賃率　1,600円／時間
   直接作業時間　2,000時間　　間接作業時間　400時間
   手待時間　70時間　　休憩時間　50時間

2. 間接工の労務費に関する資料は、次のとおりである。
   間接工賃金当月要支払額　665,000円　　間接工賃金当月支払額　680,000円

3. その他の資料
   工場事務職員給料当月要支払額　425,000円　　工場事務職員給料当月支払額　430,000円
   社会保険料会社負担額　　370,000円
   （内訳：直接工対応分 300,000円、間接工対応分 40,000円、工場事務職員対応分 30,000円）
   工員募集費　160,000円
   工員用社宅、託児所などの福利施設負担額　120,000円
   工場従業員のためのパソコン研修講師料　240,000円

問題 03 支払賃金と消費賃金

次の資料にもとづき、各問に答えなさい。

資料

1. 当社は原価計算期間を毎月1日から末日まで、支払賃金の計算期間を前月21日から当月20日までとしている。
2. 前月末未払賃金
   直接工分：420,000円、間接工分：130,000円
3. 当月の賃金支払総額　2,700,000円（間接工分　750,000円）
   控除額　社会保険料　150,000円
   　　　　源泉所得税　200,000円
   　　　　住　民　税　　80,000円
   なお、正味支給額はすでに現金で支払われている。
4. 当月中の直接工分の作業状況
   間接作業時間と手待時間に対応する直接工の賃金は、間接労務費として処理する。

職種	直接作業時間	間接作業時間	手待時間
機械工	1,400時間	500時間	50時間
組立工	1,250時間	200時間	150時間

   ※間接工については時間記録を行っていない。
5. 直接工の労務費は予定職種別平均賃率で計算している。
   機械工　＠500円、組立工　＠600円
6. 当月末未払賃金
   直接工分：450,000円、間接工分：150,000円

問1．次の仕訳をそれぞれ示しなさい。
（1）前月末未払賃金の再振替　　（2）当月の賃金支払い
（3）直接工の消費賃金　　　　　（4）賃率差異の把握
（5）間接工の消費賃金　　　　　（6）当月末未払賃金

問2．賃金勘定等の記入を行い、締切りなさい。

問題 04 労務費会計の勘定連絡

当社の5月中の直接工の労務費に関するデータは次のとおりである。下記の資料および条件にもとづき賃金計算を行い、その結果を賃金勘定、仕掛品勘定、製造間接費勘定、賃率差異勘定、未払賃金勘定、現金勘定、預り金勘定、および立替金勘定に記入しなさい（「諸口」は用いずに相手勘定を番号で示すこと）。

資料

1. 直接工作業票のデータ（5月1日～5月31日）

   直接作業時間　　17,900（時間）
   間接作業時間　　 1,240
   手 待 時 間　　　　 50
   計　　　　　　　19,190
   予定平均賃率　　＠150円

2. 直接工出勤票のデータ（5月1日～5月31日）

   定時間内作業　（5月1日～5月20日）　12,200（時間）
   定時間内作業　（5月21日～5月31日）　 6,990
   計　　　　　　　　　　　　　　　　　19,190

3. 直接工給与支給帳のデータ（4月21日～5月20日）

   賃金総額　　　　　2,990,000円
   控除額
     源泉所得税　　　　106,000円
     社会保険料　　　　 28,000円
     差　引　　　　　2,856,000円
   立替金回収額　　　　300,000円
   差引　現金支給額　2,556,000円

〈計算の条件〉
(1) 未払賃金は予定平均賃率をもって計算する。
(2) 4月末の未払賃金は1,110,000円であった。

問題 05 定時間外作業手当

★★★☆☆ 応用

当社の5月中の直接工の労務費に関するデータは次のとおりである。下記の資料および条件にもとづき賃金計算を行い、その結果を賃金勘定、仕掛品勘定、製造間接費勘定、賃率差異勘定、未払賃金勘定、現金勘定、預り金勘定、および立替金勘定に記入しなさい（「諸口」を用いずに相手勘定を番号で示すこと）。

資料

1. 直接工作業票のデータ（5月1日～5月31日）

直接作業時間	17,900（時間）
間接作業時間	1,240
手待時間	50
計	19,190
予定平均賃率	@150円

2. 直接工出勤票のデータ（5月1日～5月31日）

定時間内作業	（5月1日～5月20日）	12,200（時間）
定時間内作業	（5月21日～5月31日）	6,840
定時間外作業	（5月23日、24日、26日）	150
計		19,190

3. 直接工給与支給帳のデータ（4月21日～5月20日）

賃金総額	2,990,000円
控除額	
源泉所得税	106,000円
社会保険料	28,000円
差　引	2,856,000円
立替金回収額	300,000円
差引　現金支給額	2,556,000円

〈計算の条件〉

(1) 定時間外作業手当は製造間接費として処理する。

(2) 定時間外作業手当は原価計算上、当該作業時間数に予定平均賃率の40％を乗じて計算する。

(3) 未払賃金は予定平均賃率をもって計算する。

(4) 4月末の未払賃金は1,110,000円であった。なお、5月末の未払賃金には定時間外作業手当が含まれることに留意すること。

問題 06 理論問題～労務費～

次のア．～ウ．の文章は労務費会計について述べたものである。妥当と思われるものには○を、妥当でないと思われるものには×を記入しなさい。

ア．機能別分類によると、直接工の賃金は、作業種類別直接賃金、間接作業賃金、手待賃金に分類される。

イ．賃率は、実際の個別賃率または職場もしくは作業区分ごとの平均賃率によるが、平均賃率は予定賃率をもって計算することもできる。

ウ．直接賃金は、当該原価計算期間の負担に属する要支払額をもって計算することができる。

Column　おすすめ勉強法　五感を使おう

　web講座やスクールで学んでいる受験生の勉強のプロセスってこんな感じですよね。

　「講義を聴く」→「テキストを読む」→「ノートに書く」

　そして、いざ問題を解こうとするとイマイチできない。そんなことありませんか？　そこで、しかたがないので講義を聞き直したり、テキスト読み直したり…
　このプロセスをよく見てみましょう。耳（聞く）と目（読む）と、手（書く）は使っているのに、口を使ってないのですよ。驚きです。（←別に驚くほどではありませんが）
　口を使いましょう。誰かに話してみましょう。「書く」となると結構大変ですが、「この論点の意味は、まあ、なんていうか～（中略）～ということなんだ。」という感じで話すのです。これくらいなら割と簡単にできるはずです。
　是非、勉強のプロセスを「講義聴く」→「テキストを読む」→「誰かに話す」→「問題を解く」という感じにしてみてください。この勉強法は、本当に効果があります。
　さて、ここで問題が生じます。簿記に興味を持って話を聞いてくれるパートナーなんて、世の中にあまりいないということです。こういう場合はどうすればいいでしょう。
　…ぬいぐるみ相手でもいいと思います。さみしいか。（←いや、さみしくない！）

Chapter 04

Section 01-02

経費会計

問題編

- Section 01　経費会計の基礎知識　　　P.4-02
  - 問題01　理論問題〜経費〜
- Section 02　外注加工賃　　　P.4-03
  - 問題02　外注加工賃の処理

Section 01 経費会計の基礎知識

問題 01 理論問題～経費～

次の２つの文章は経費会計について述べたものである。わが国の「原価計算基準」に照らして妥当と思われるものには○を、妥当と思われないものには×を記入しなさい。

ア．費目別計算においては、原価要素を原則として形態別分類を基礎とし、これを直接費と間接費とに大別し、さらに必要に応じて機能別分類を加味して分類する。このように分類すると、法定福利費（健康保険料負担金等）は間接経費に分類される。

イ．材料の棚卸減耗の原因が盗難であることが判明したため、この材料の購入原価を間接経費として製品原価に算入した。

Section 02 外注加工賃

 外注加工賃の処理

★★★★★ 応用
答案用紙　P.014
解答・解説　P.4-01

次の外注加工に関する取引を答案用紙の諸勘定に記入しなさい。

📄 取引

問1．1．主材料100個（原価＠600円）を下請会社に無償で支給し、その外注加工を依頼した。
　　2．外注加工された主材料が納入され、その加工費は＠150円であった。
　　3．納入された加工品は検査終了後、直ちに製造工程に払い出された。

問2．1．主材料100個（原価＠600円）を下請け会社に無償で支給し、その外注加工を依頼した。
　　2．外注加工された主材料が納入され、その加工賃は＠200円であった。
　　3．納入された加工品は検査終了後、部品として倉庫に搬入された。

問3．1．材料300個（原価＠800円）を現金で購入した。
　　2．上記のうち、200個を協定単価＠850円で下請OEM社に有償支給し外注加工を依頼した。
　　　 なお、OEM社に対する債権・債務は、人名勘定を用いて記帳している。
　　3．OEM社から加工の終了した部品200個が納品されたので、検査後、部品勘定に計上した。
　　　 外注加工賃は＠150円、したがって下請からの受入価格は＠1,000円である。
　　4．OEM社に対する債権債務を相殺し、その差額を現金で支払った。
　　5．決算に際して必要な整理仕訳を行った。

Column 本試験の心得その1
開始直後にやること

　本試験で、「それでは、はじめてください」こう言われて、すぐに問題文を読んではいけません。

　まずは、答案用紙を眺めてください。全部でどれくらいの量があるのか、どんな問題なのかを確認します。

　特に問われている内容を推測しながら眺めることが大切です。仕掛品勘定が書かれていれば、「総合原価計算かな？計算するだけじゃなくて勘定記入もあるのか。第2工程って書いてあるな。ということは、工程別か。」なんてことを考えるわけです。

　まず答案用紙を眺める。これは2つの点で効果的です。

　一つは落ち着けるということ。いきなり問題文から読み始めると、緊張のせいで内容が頭に入りにくいものです。答案用紙を眺めながらあれやこれや推測していると落ち着いてきます。

　もう一つは、問題文がスムーズに読めること。「きっとこんな問題なんだろう」とアタリをつけてから、問題文を読むとその内容が頭に入ってきやすいものです。

　本試験の前に、まずは、過去問演習で試してみてください。きっとその効果に驚くことでしょう。

Chapter 05

Section 02

製造間接費会計

問題編

- Section 02 　製造間接費の予定配賦……… P. 5-02
  - 問題01 　基準操業度の選択
  - 問題02 　固定予算と変動予算
  - 問題03 　製造間接費の予定配賦と配賦差異
  - 問題04 　損益計算書の作成
  - 問題05 　理論問題〜製造間接費〜

※本ChapterにはSection 01の問題はありません。

Section 02 製造間接費の予定配賦

問題 01 基準操業度の選択

当社では、予定配賦率を用いて製造間接費を製品Xと製品Yに配賦している。次の資料にもとづき、製品Yへの製造間接費の配賦額を計算するとともに、製造間接費配賦差異の差異分析を行いなさい(有利差異・不利差異を示すこと)。ただし、当社では、製造間接費の配賦基準として機械時間を採用しており、期待実際操業度を基準操業度としている。

資料

1. 当年度の予算に関する資料(固定予算による)
   製造間接費予算額　1,800,000円
2. 基準操業度の算定に関する資料
  (1) 当社の工場は18台の機械からなり、1日5時間これらの機械を稼働させている。また、年間の稼働可能日数は210日であり、年間900時間の作業休止時間が見込まれる。
  (2) 製品の販売上予想される季節的な変動および景気循環期間全体を通じての需要の変動による生産量の増減を長期的に平均化した操業水準は、年間15,000時間である。
  (3) 当年度において予想される操業水準は、12,000時間である。
3. 当月の実績データ
   製品Xに対する当月機械時間　　700時間
   製品Yに対する当月機械時間　　450時間
   当月製造間接費実際発生額　　155,000円

問題 02 固定予算と変動予算

当工場では実際個別原価計算制度を採用している。製造間接費予算に①公式法変動予算を採用している場合、②固定予算を採用している場合における、配賦差異の分析を行いなさい。ただし、基準操業度はどちらの場合も月間3,500時間とする。

資料

①公式法変動予算
　変動費率　　　　@80円
　固定製造間接費　245,000円
②固定予算　　　　525,000円
③当月の実際操業度は3,150時間、実際発生額は500,000円であった。

問題 03 製造間接費の予定配賦と配賦差異

★★★☆☆ 基本
答案用紙 P.015
解答・解説 P.5-03

当月の取引は、下記にすべて記している。当月の取引について、答案用紙の諸勘定に記入しなさい。なお、不要な空欄には何も記入しなくてよい。

取引

(1) 掛けで購入した材料7,000kg（購入価格210円／kg）のうち、主要材料（直接材料）として4,000kg、補助材料（間接材料）として2,000kgを出庫した。それぞれの材料について予定消費価格200円／kgを用いて消費額を計算している。なお、材料の月初有高は存在しなかった。また、当月末に棚卸減耗は生じていない。

(2) 直接工による労務費は予定総平均賃率1,300円／時間を用いて計算している。直接工の作業時間について、総勤務時間の内訳は、直接作業時間1,800時間（加工時間：1,500時間、段取時間300時間）、間接作業時間520時間、手待時間80時間、休憩時間200時間であった。また、間接工の賃金については、前月未払高450,000円、当月支給高1,400,000円、当月未払高500,000円であった。

(3) 工場設備の減価償却費は、年額13,200,000円であり、当月に相当する額を計上している。

(4) 製造間接費は公式法変動予算を採用しており、直接作業時間を配賦基準として各製造指図書に予定配賦している。なお、当工場の製造間接費年間予算額は47,880,000円（うち固定費27,360,000円）、年間の予定総直接作業時間は22,800時間であり、製造間接費の月間予算額および月間予定総直接作業時間はその1／12である。

(5) 当月の製造間接費の実際発生額は上記の取引から各自集計すること。これにもとづき予定配賦により生じた差異を製造間接費勘定から予算差異勘定と操業度差異勘定に振り替える。

問題 04 損益計算書の作成

当社では全部実際原価計算を行っている。下記に示す当年度の資料にもとづき、製造間接費勘定、仕掛品勘定に記入し、損益計算書を作成しなさい。なお、原価差異の会計処理は原則的方法によること。

資料

1. 素材費
   期首有高 500万円、当期購入代価 3,900万円、当期引取費用 100万円、期末帳簿残高 1,000万円、期末実際残高 950万円。素材は、すべて直接材料として使用された。期末帳簿残高と実際残高との差額は正常な範囲内である。

2. 工場の修理工賃金　当期要支払高 200万円

3. 工場内で使用する工具　当期買入高 350万円

4. 機械工および組立工賃金
   前期未払高 500万円、当期賃金支給総額 2,500万円（内源泉所得税、社会保険料など控除額 100万円）、当期直接工直接作業賃金 2,200万円、当期直接工間接作業賃金 300万円、当期手待賃金 50万円、当期定時間外作業割増賃金 20万円、当期未払高 700万円。なお、当期の消費賃金および期首、期末の未払高は、予定平均賃率で計算されている。また、定時間外作業割増賃金は製造間接費として処理する。

5. 製造間接費配賦差異 30万円（借方差異）

6. 工員用社宅、託児所など福利施設負担額 60万円

7. 外注加工賃（材料は無償支給、納入加工品は直ちに製造現場に投入した） 150万円

8. 工場火災による当期仕損費 1,000万円（特別損失とする）

9. 期首製品有高 800万円、期末製品有高 830万円

10. 受取利息 40万円

11. 本社事務員給料 200万円

12. 売上高 10,500万円

13. 販売員給料 200万円

14. 支払利息 50万円

15. 工場減価償却費 900万円（内　長期休止設備の減価償却費 50万円（営業外費用とする））

16. 当社の株主に対する配当金 300万円

17. 期首仕掛品有高 100万円　期末仕掛品有高 110万円

問題 05 理論問題〜製造間接費〜

次のア．〜オ．の文章は製造間接費会計について述べたものである。妥当と思うものには○を、妥当でないと思うものには×を記入しなさい。

ア．実際原価計算制度において生ずる主要な原価差異としては、材料副費配賦差異、材料消費価格差異、材料数量差異、賃率差異、作業時間差異、製造間接費予算差異、操業度差異、能率差異がある。

イ．実際個別原価計算では、製造間接費は原則として予定配賦率を使用して各製造指図書に配賦する。

ウ．実際原価計算において生じた製造間接費の配賦差額は、原則として当年度の売上原価に賦課する。

エ．期待実際操業度とは、理論的生産能力から不可避的な作業休止による生産量の減少を差し引いて計算された、実現可能な最大操業水準である。

オ．平均操業度とは次の1年間に予想される製品販売量を基礎として算定された操業水準である。

Column 本試験の心得その2
あ、これできると思ったとき

「きたー。この問題わかる」小躍りしたくなる瞬間です。

でも、これが一番危ない。ケアレスミスがもっとも発生する瞬間でもあります。

私の経験では、CVP分析で販売数量や売上高が判明した瞬間が危なかったりします。思わずその数字を書きたくなりますが、求められているのは営業利益だったりします。

それから、工業簿記や原価計算では、問1の解答を使って問2以降を解く問題がよくあります。当然ながら問1を間違えてしまうと致命的です。芋づる式に問2以降を間違えてしまい大量失点につながります。

たいていの場合、問1は簡単です。だからこそ危ないのです。問われていることを勘違いしていない？ 単位は大丈夫？ 再度確認してください。

Section 01-02

Chapter 06

製造間接費の部門別計算(I)

問題編

Section 01	部門別計算～第1次集計と第2次集計～ ………… P.6-02
問題01	直接配賦法
問題02	相互配賦法(簡便法)
問題03	階梯式配賦法～補助部門の順位付け～
問題04	階梯式配賦法～勘定記入～
問題05	理論問題～原価の部門別計算～
Section 02	製造間接費の部門別予定配賦 ……………………… P.6-05
問題06	製造部門別予定配賦(補助部門費・直接配賦法)
問題07	製造部門別予定配賦(補助部門費・階梯式配賦法)

Section 01 部門別計算〜第1次集計と第2次集計〜

問題 01 直接配賦法

★☆☆☆☆ 基本
答案用紙 P.017
解答・解説 P.6-01

当社では部門別原価計算を行っている。補助部門費の製造部門への配賦は直接配賦法によっている。次の資料にもとづき、補助部門費配賦表を完成させ、答案用紙の各勘定に記入しなさい。

資料

補助部門費の配賦基準

配賦基準	合計	切削部	組立部	動力部	修繕部	事務部
動力消費量	1,000kWh	400kWh	400kWh	−	200kWh	−
修繕作業時間	300時間	150時間	100時間	50時間	−	−
従業員数	100人	30人	20人	20人	20人	10人

問題 02 相互配賦法（簡便法）

★★★☆☆ 基本
答案用紙 P.018
解答・解説 P.6-03

当社では実際部門別個別原価計算を行っている。補助部門費の製造部門への配賦は簡便法としての相互配賦法によっている。次の資料にもとづき、補助部門費の製造部門への配賦を行った場合の補助部門費配賦表を作成しなさい。

資料

	合計	機械部	組立部	材料部	保全部	事務部
部門費	2,900,000円	1,000,000円	700,000円	600,000円	400,000円	200,000円
補助部門費配賦基準						
材料出庫量	1,500kg	500kg	700kg	−	300kg	−
保全時間	400時間	200時間	150時間	50時間	−	−
従業員数	110人	20人	50人	20人	10人	10人

問題 03　階梯式配賦法〜補助部門の順位付け〜

★★★☆☆　基本

当社の東京工場では、製造間接費の製品への配賦について部門別に実際配賦している。
次の資料にもとづき、加工部門および組立部門への当月配賦額を求めなさい。
問1．補助部門の第1次集計費の多い部門ほど優先順位を高くする方法による場合。
問2．補助部門の他の補助部門への用役提供額が多い部門ほど優先順位を高くする方法による場合。

📄 資料
1．東京工場には2つの製造部門（加工部門と組立部門）の他に、2つの補助部門（動力部門と修繕部門）がある。
2．補助部門の製造部門への配賦については単一基準の階梯式配賦法によっている。なお、補助部門の実際用役提供量割合は次のとおりである。

	加工部門	組立部門	動力部門	修繕部門
電力供給量	40%	40%	－	20%
修繕時間	30%	45%	25%	－

3．補助部門費の実際発生額は次のとおりである。

動力部門	修繕部門
1,600万円	1,400万円

問題 04　階梯式配賦法〜勘定記入〜

★★★☆☆　基本

当工場は切削部と仕上部の2つの製造部門と動力部、修繕部、事務部の3つの補助部門からなっている。次の資料にもとづき、階梯式配賦法による補助部門費配賦表を作成し、諸勘定への記入をしなさい。

📄 資料
1．各部門費に関するデータ

	切削部	仕上部	動力部	修繕部	事務部	合計
部門個別費	600,000円	500,000円	200,000円	150,000円	135,000円	1,585,000円
部門共通費	350,000円	447,500円	255,000円	220,000円	77,500円	1,350,000円

2．配賦基準に関するデータ

	切削部	仕上部	動力部	修繕部	事務部	合計
動力消費量	1,200kWh	1,800kWh	－	1,000kWh	－	4,000kWh
修繕作業時間	200時間	300時間	125時間	－	－	625時間
従業員数	50人	45人	40人	35人	30人	200人

3．補助部門の順位付けにおいては、まずは用役提供先数により、次いで第1次集計額による。

問題 05 理論問題〜原価の部門別計算〜

次の文章は『原価計算基準』から、原価の部門別に関する文章を一部抜粋したものである。空欄に入る適切な語句を解答しなさい。

1. 原価の部門別計算とは、費目別計算において把握された原価要素を、原価部門別に分類集計する手続をいい、原価計算における（　ア　）の計算段階である。
2. （　イ　）とは、直接製造作業の行なわれる部門をいい、製品の種類別、製品生成の段階、製造活動の種類別等にしたがって、これを各種の部門又は工程に分ける。
3. （　ウ　）とは、製造部門に対して補助的関係にある部門をいい、これを補助経営部門と（　エ　）部門とに分け、さらに機能の種類別等にしたがって、これを各種の部門に分ける。

Section 02 製造間接費の部門別予定配賦

問題 06 製造部門別予定配賦（補助部門費・直接配賦法）

★★★☆☆ 基本
答案用紙 P.021
解答・解説 P.6-08

当社では切削部と仕上部の2つの製造部門を有し、製造間接費の製品への配賦について機械作業時間にもとづいて部門別に予定配賦している。また、補助部門費の製造部門への配賦については直接配賦法によって実際配賦する。次の資料にもとづき、各問に答えなさい。

なお、部門費実際発生額は答案用紙に印刷されている。

資料

1. 公式法変動予算

	切削部	仕上部	動力部	事務部	合　計
第1次集計額	269,000円	211,000円	80,000円	19,000円	579,000円
月間正常機械作業時間	500時間	800時間	－	－	1,300時間
月間正常電力消費量	450kWh	550kWh	－	－	1,000kWh
従 業 員 数	100人	90人	10人	5人	205人

（注）事務部門費はすべて固定費である。

2. 予定配賦率のうち、切削部、仕上部の変動費率はそれぞれ@230円、@180円であった。

3. 製造部門実際操業度
   切削部：480時間
   仕上部：810時間

4. 補助部門実際用役提供量

	切削部	仕上部	動力部	事務部	合　計
従 業 員 数	100人	90人	10人	5人	205人
電力供給量	420kWh	530kWh	－	－	950kWh

問1. 答案用紙の予算部門費配賦表に記入を行って完成させ、製造部門別予定配賦率を算定しなさい。

問2. 実際製造部門費の集計を行って、答案用紙の実際部門費配賦表を完成させなさい。

問3. 答案用紙の各勘定に記入を行いなさい。

問題 07　製造部門別予定配賦（補助部門費・階梯式配賦法）

当社では切削部と仕上部の2つの製造部門を有し、製造間接費の製品への配賦については機械作業時間にもとづいて部門別に予定配賦している。また、補助部門費の製造部門への配賦については階梯式配賦法によって実際配賦する。次の資料にもとづき、各問に答えなさい。

なお、部門費実際発生額は答案用紙に印刷されている。

資料

1．公式法変動予算

	切削部	仕上部	動力部	事務部	合　計
部　門　費	84,000円	117,000円	79,000円	20,000円	300,000円
月間正常機械作業時間	500時間	800時間	－	－	1,300時間
月間正常電力消費量	450kWh	550kWh	－	－	1,000kWh
従　業　員　数	100人	90人	10人	5人	205人

（注）事務部門費はすべて固定費である。

2．予定配賦率のうち、切削部、仕上部の変動費率はそれぞれ@140円、@112.5円であった。

3．製造部門実際操業度
　　切削部：480時間
　　仕上部：810時間

4．補助部門実際用役提供量

	切削部	仕上部	動力部	事務部	合　計
従　業　員　数	100人	90人	10人	5人	205人
電力供給量	420kWh	530kWh	－	－	950kWh

問1．答案用紙の予算部門費配賦表に記入を行って完成させ、製造部門別予定配賦率を算定しなさい。

問2．実際製造部門費の集計を行って、答案用紙の実際部門費配賦表を完成させなさい。

問3．答案用紙の各勘定に記入を行いなさい。

Chapter 07
Section 01-02

実際個別原価計算

問題編

Section 01　個別原価計算の基礎知識…………7-02
　問題01　完成品原価と仕掛品原価
Section 02　個別原価計算における仕損の処理………7-03
　問題02　仕損費の直接経費処理
　問題03　仕損費の間接経費処理
　問題04　理論問題～個別原価計算における仕損の処理～

Section 01 個別原価計算の基礎知識

問題 01 完成品原価と仕掛品原価

次の資料にもとづき、11月の指図書別原価計算表を作成し、仕掛品勘定および製品勘定に記入しなさい。

資料

1. 当社では全部実際個別原価計算制度を採用しており、11月の原価計算に関するデータは次のとおりである。

指図書No.	No.100		No.101	No.102	No.103
生産命令量	80個		90個	40個	20個
日付	10/20～10/31	11/1～11/6	10/21～10/31	11/9～11/22	11/20～11/30
直接材料費	50,000円	—	40,000円	30,000円	20,000円
直接作業時間	60時間	20時間	100時間	40時間	30時間
直接労務費	18,000円	?	30,000円	?	?
製造間接費	24,000円	?	40,000円	?	?
合計	92,000円	?	110,000円	?	?
備考	10/20 製造着手 10/31 60個完成 11/6 20個完成 11/18 販売		10/21 製造着手 10/31 90個完成 11/24 販売	11/9 製造着手 11/22 40個完成 11/30 在庫	11/20 製造着手 11/30 10個完成

2. 直接工の1時間当たりの消費賃率は先月(10月)と同様である。
3. 製造間接費は直接作業時間を基準に予定配賦しており、1時間あたりの配賦率は先月と同様である。
4. 分割納入制は採用していない。

Section 02 個別原価計算における仕損の処理

問題 02 仕損費の直接経費処理

★★★☆☆ 基本
答案用紙 P.024
解答・解説 P.7-02

次の資料にもとづき、製造指図書No.100とNo.200に集計される製造原価の金額を計算しなさい。

資料

1. 当月の直接材料費関係の資料

   当社では原材料甲の受入価格には予定価格を用いており、予定価格は@120円である。また、当月の原材料甲の各製造指図書への払出状況は以下のとおりである。

   製造指図書No.100　　11,000個　　　製造指図書No.200　　12,000個
   製造指図書No.100-1　　　　0個　　　製造指図書No.200-1　　　150個

2. 当月の直接労務費関係の資料

   当社では予定消費賃率を用いており、予定消費賃率は@1,000円である。また、当月の各製造指図書の直接作業時間は以下のとおりである。

   製造指図書No.100　　5,000時間　　　製造指図書No.200　　13,000時間
   製造指図書No.100-1　　120時間　　　製造指図書No.200-1　　100時間

3. 当月の製造間接費関係の資料

   当社では公式法変動予算を用いて製造間接費を管理している。また、各製造指図書への配賦にあたっては直接作業時間を基準に予定配賦を行っており、予定配賦率は@700円である。なお、製造間接費予算額には仕損費予算を含めていない。

4. その他に関する資料

   (1) 作業屑の発生状況
   - 製造指図書No.100において作業屑が発生した。この作業屑の評価額は12,000円である。当該製造指図書の製造原価からこれを控除する。
   - 製造指図書No.200において作業屑が発生した。この作業屑の評価額は600円である。軽微なため、売却時に原価計算外の収益として処理する。

   (2) 仕損の発生状況
   - 製造指図書No.100において補修可能な仕損が一部発生した。製造指図書No.100-1はこの補修のために発行された補修指図書である。
   - 製造指図書No.200において補修不能な仕損が一部発生した。製造指図書No.200-1はこの代品製造のために発行された代品製造製造指図書である。仕損品評価額は20,000円である。

問題 03 仕損費の間接経費処理

★★★★ 応用
答案用紙 P.024
解答・解説 P.7-03

当社では特殊機械の受注生産を行っており、実際部門別個別原価計算を行っている。次の資料にもとづき、(イ)指図書別原価計算表を完成させるとともに、(ロ)原価計算関係諸勘定の記入を行い、(ハ)製造間接費－Ｂ製造部門の差異分析を行いなさい。

資料

1. ×8年10月期の指図書別データ

	No.101	No.102	No.103	No.104	No.105	No.106
月初仕掛品棚卸高 (円)	612,300	−	−	−	−	−
直接材料消費量 (kg)	240	2,160	3,120	36	2,400	672
直接作業時間 (時間)						
Ａ製造部門	180	1,740	3,600	78	1,944	492
Ｂ製造部門	324	1,260	2,640	96	1,152	300
機械運転時間 (時間)						
Ａ製造部門	240	1,320	2,220	144	1,194	180
Ｂ製造部門	168	1,920	2,520	120	2,160	456

2. 当社は直接材料費は予定消費価格（@300円）、直接労務費は予定消費賃率、製造間接費は予定配賦率によって計算を行っている。予定消費賃率および予定配賦率算定のための資料は次のとおりである。

	賃金手当年間予算額	製造間接費年間予算額	年間予定就業時間	年間予定直接作業時間	年間予定機械運転時間
Ａ製造部門	50,000,000円	23,800,000円	100,000時間	68,000時間	47,600時間
Ｂ製造部門	29,000,000円	35,916,000円	72,500時間	46,400時間	87,600時間

(注) 製造間接費は、Ａ部門については直接作業時間、Ｂ部門については機械運転時間を基準に各指図書に配賦する。なお、Ｂ部門の製造間接費予算額には仕損費予算が含まれている。また、Ｂ製造部門の製造間接費予算のうち固定費は17,520,000円であり、月間予算は年間予算の $\frac{1}{12}$ である。

3. (1) 指図書No.104は、Ａ製造部門においてNo.101の一部に仕損が生じたために発行した補修指図書である。

   (2) 指図書No.105は、Ａ製造部門において通常起こり得ない作業上の事故によりNo.102の全部が仕損となったために発行した代品製造指図書である。なお、仕損品の処分価格は指図書に集計された原価の10％と見積られる。

   (3) 指図書No.106は、Ｂ製造部門においてNo.103の一部が仕損となったために発行した代品製造指図書である。なお、仕損品の処分価格は、50,000円と見積られる。

4. 指図書No.103は当月末において仕掛中であり、その他はすべて完成した。

5. 当月の製造間接費実際発生額（仕損費は除く）は次のとおりである。
   Ａ製造部門　2,950,000円　　Ｂ製造部門　2,134,240円

問題 04 理論問題 ～個別原価計算における仕損の処理～

下記の文章は『原価計算基準』からの引用文である。（　）内に入る適切な用語を、次の語群から選びなさい。

【語群】
旧製造指図書、新製造指図書、補修指図書、製造原価から控除、
製造原価を見積って、製造原価に賦課、製造原価に配賦

個別原価計算において、仕損が発生する場合には、原則として次の手続により仕損を計算する。
(1) 仕損が補修によって回復でき、補修のために補修指図書を発行する場合には、（　1　）に集計された製造原価を仕損費とする。
(2) 仕損が補修によって回復できず、代品を製作するために新たに製造指図書を発行する場合において
　1．旧製造指図書の全部が仕損となったときは、（　2　）に集計された製造原価を仕損費とする。
　2．旧製造指図書の一部が仕損となったときは、（　3　）に集計された製造原価を仕損費とする。
(3) 仕損の補修又は代品の製作のために別個の指図書を発行しない場合には、仕損の補修等に要する（　4　）これを仕損費とする。
　前記(2)又は(3)の場合において、仕損品が売却価値又は利用価値を有する場合には、その見積額を控除した額を仕損費とする。
　軽微な仕損については、仕損費を計上しないで、単に仕損品の見積売却価額又は見積利用価額を、当該製造指図書に集計された（　5　）するにとどめることができる。

Column 本試験の心得その3
頭が真っ白になったとき

　本試験では、思わず頭が真っ白になることがあります。それは、見たことも無いような問題にぶち当たったときや、「まさかこれが出るとは思わなかった」なんて問題が出た時に起きやすいものです。

　さて、ここで大切なことがあります。まずは次のように思うことです。

　「きっと、みんなは大パニックだ！」

　こう思うと不思議と落ち着けるものです。まずは落ち着くことが大切です。

　続いて作戦を立てます。少し考えれば出来そうか。それとも厳しそうか。厳しそうだと思ったら「捨てる」という決断をしましょう。それも、仕方なく捨てるのではなく、前向きに気持よくその問題を捨てるのです。

　そのかわり、その問題を捨てて浮いた時間で他の問題をしっかり解きましょう。捨てた問題に未練を持ってはいけません。未練が一番よくない。他の問題に集中することが大切です。

　すると、案外時間が余ったりするものです。そうしたら、またその問題に取り掛かればいいのです。あら不思議、今度は出来たりします。

　もし、時間が足りずにその問題に手がつかなくてもそれはそれです。みんなが出来ない問題は、案外配点が来ないものです。

　本試験で最強なのは、冷静に楽観的に、です。

Chapter 08

Section 02

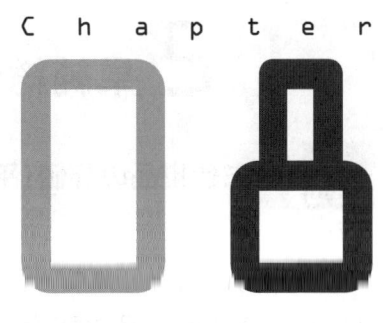

総合原価計算の基礎

問題編

Section 02 　単純総合原価計算………P.8-02
　問題01　月末仕掛品の評価（平均法・修正先入先出法）
　問題02　純粋先入先出法
　問題03　追加材料の処理（平均的投入・終点投入）
　問題04　追加材料の処理（途中点投入）
　問題05　理論問題～単純総合原価計算～

※本ChapterにはSection01の問題はありません。

Section 02 単純総合原価計算

問題 01 月末仕掛品の評価（平均法・修正先入先出法）

当社の次の資料にもとづき、月末仕掛品原価の計算方法として平均法によった場合と修正先入先出法によった場合の完成品原価の差額を計算しなさい。

資料

1. 生産データ

月初仕掛品	1,000個	(0.5)
当月投入	9,000個	
合　　計	10,000個	
月末仕掛品	3,000個	(0.6)
完　成　品	7,000個	

    （注）直接材料は工程の始点で投入している。仕掛品の（　）は、加工進捗度を表している。

2. 原価データ

	直接材料費	加工費
月初仕掛品	52,000円	16,760円
当月投入	450,000円	249,000円
合　　計	502,000円	265,760円

問題 02　純粋先入先出法

当社の次の資料にもとづき、月初仕掛品完成分の完成品単位原価、当月着手完成分の完成品単位原価を求めなさい。

資料

1. 生産データ

月初仕掛品	1,000個	(0.5)
当月投入	9,000個	
合　　計	10,000個	
月末仕掛品	3,000個	(0.6)
完　成　品	7,000個	

    (注) 直接材料は工程の始点で投入している。(　) は加工進捗度を表している。

2. 原価データ

	直接材料費	加工費
月初仕掛品	52,000円	16,760円
当月投入	450,000円	249,000円
合　　計	502,000円	265,760円

3. 原価配分方法として、純粋先入先出法を採用している。

問題 03 追加材料の処理（平均的投入・終点投入）

当社では、工程の始点でA材料を、工程を通じて平均的にB材料と、工程の終点においてC材料を投入して単一製品を製造しており、単純総合原価計算によって製品原価を計算している。追加材料の投入による生産量の増加はないものとし、次の資料にもとづいて、当月の完成品原価を計算しなさい。

資料

1. 生産データ

    月初仕掛品　　500個（0.7）
    当 月 投 入　2,080個
    　合　計　　 2,580個
    月末仕掛品　　380個（0.5）
    完 成 品　　2,200個

    （注）仕掛品の（ ）は、加工進捗度を表している。

2. 原価データ

	A材料費	B材料費	C材料費	加工費
月初仕掛品	99,750円	43,600円	？円	83,300円
当月投入	457,600円	285,600円	120,640円	489,600円
合計	557,350円	329,200円	？円	572,900円

3. 仕掛品原価の計算には先入先出法を採用している。

問題 04 追加材料の処理（途中点投入）

★★★★☆ 応用
答案用紙 P.026
解答・解説 P.8-04

当社は、X材料を工程の始点において投入加工しているが、その他、Y材料を工程の途中点（加工進捗度40％の点）で投入し、Z材料を工程の終点で投入している。追加材料の投入による生産量の増量はないものとし、次の資料により、当月の完成品原価および完成品単位原価を計算しなさい。

📋 資料

1. 生産データ
   - 月初仕掛品　　2,000個(0.3)
   - 当月投入　　 13,000個
   - 　合　計　　 15,000個
   - 月末仕掛品　　4,000個(0.6)
   - 当月完成品　 11,000個

   (注)仕掛品の( )は、加工進捗度を表している。

2. 原価データ

	X材料費	Y材料費	Z材料費	加工費	合計
月初仕掛品	？円	？円	？円	20,000円	123,000円
当月投入	650,000円	585,000円	50,000円	384,000円	1,669,000円
合計	？円	？円	？円	404,000円	1,792,000円

3. 仕掛品の計算には先入先出法を採用している。
4. 計算上、端数が生じる場合には小数点以下第3位を四捨五入し、第2位までを示すこと。

問題 05 理論問題～単純総合原価計算～

★★★☆☆ 基本
答案用紙 P.026
解答・解説 P.8-05

次の文章は『原価計算基準』から、単純総合原価計算に関する文章を一部抜粋したものである。空欄に入る適切な語句を解答しなさい。

単純総合原価計算は、（　ア　）製品を（　イ　）的に生産する生産形態に適用する。単純総合原価計算にあっては、一原価計算期間に発生したすべての原価要素を集計して当期製造費用を求め、これに（　ウ　）原価を加え、この合計額を、完成品と期末仕掛品とに分割計算することにより、完成品総合原価を計算し、これを製品単位に均分して（　エ　）を計算する。

Column　目標は、数値化して、記録すると実現する

　個人的な話ですが、ダイエットの話です。ご多分に漏れず、40を過ぎてお腹が出てきました。

　学生の頃の身長170cm・52kgの面影は全くありません。

　体重計にのるのは5年ぶりくらい。あぁ標準体重よりも13kgも重い！

　これは、いかん。何がまずいのだろう。

　寝る前のシュークリーム？　全く運動しないこと？　うーん、わからない。（←はぁ？）

　はかるだけダイエットを始めました。

　食べたもの、運動量、朝晩の体重を記録する。

　エクセルで入力して、体重をグラフにする。ルールはこれだけ。

　これがね、楽しいのですよ。グラフで見ると、ギザギザしながらも、確実に下がっていく。

　よーし、明日は100g下げちゃうぞ、なんて、この歳になって、こんなところで楽しみを知るなんて・・・。

　3カ月で15kg減りました。それから3年、現在も維持中。

　ちょっとこじつけるようですが、勉強も似ています。

　勉強時間、テスト結果を毎日記録しておく。できればグラフで見えるように。

　目標を数値化して、記録して、客観的に見えるようにしておくと、想像以上にモチベーションがあがります。

　私も受験時代やっていました。おすすめです。

Chapter 09

Section 01-04

総合原価計算と仕損・減損(Ⅰ)

問題編

Section 01　仕損・減損の基礎知識 ……………… P.9-02
　問題01　異常仕損費の計算
Section 02　非度外視法 ……………………… P.9-03
　問題02　正常減損非度外視法〜減損が定点で発生〜
　問題03　正常減損非度外視法〜減損が平均的に発生〜
Section 03　度外視法 ………………………… P.9-05
　問題04　正常減損度外視法〜減損が定点で発生〜
　問題05　正常減損度外視法〜減損が平均的に発生〜
　問題06　理論問題〜総合原価計算における減損費の処理〜
Section 04　仕損品評価額の処理 ……………… P.9-08
　問題07　正常仕損非度外視法(仕損品評価額あり)　〜仕損が定点で発生〜
　問題08　正常仕損度外視法(仕損品評価額あり)　〜仕損が定点で発生〜

Section 01 仕損・減損の基礎知識

問題 01 異常仕損費の計算

★★☆☆☆ 基本
答案用紙 P.027
解答・解説 P.9-01

当社の次の資料にもとづき、月末仕掛品原価、異常仕損費、完成品総合原価および完成品単位原価を求め、仕掛品勘定に記入しなさい。なお、解答数値に端数が生じる場合には、円未満の端数を四捨五入すること。

資料

1. 生産データ

月初仕掛品	900個	(0.6)
当月投入	5,850	
計	6,750個	
異常仕損	450	
月末仕掛品	1,800	(0.8)
完成品	4,500個	

   (注)材料は工程の始点で投入している。(　)は加工進捗度を表している。

2. 原価データ

	直接材料費	加工費
月初仕掛品	128,250円	101,700円
当月投入	789,750円	1,053,000円
合計	918,000円	1,154,700円

3. 原価配分方法として、先入先出法を採用している。
4. 異常仕損は工程の終点で発生した。なお、異常仕損は当月投入分からのみ生じたものとする。
5. 異常仕損品に処分価値はない。

Section 02 非度外視法

問題 02 正常減損非度外視法 ～減損が定点で発生～

★★★☆☆ 基本
答案用紙 P.027
解答・解説 P.9-02

当社の次の資料にもとづき、各問における月末仕掛品原価、完成品総合原価および完成品単位原価を求めなさい。なお、解答数値に端数が生じる場合には、円未満の端数を四捨五入すること。

資料

1. 生産データ

月初仕掛品	900kg	(0.6)
当月投入	5,850	
計	6,750kg	
正常減損	450	
月末仕掛品	1,800	(0.8)
完成品	4,500kg	

   (注)材料は工程の始点で投入している。(　)は加工進捗度を表している。

2. 原価データ

	直接材料費	加工費
月初仕掛品	128,250円	101,700円
当月投入	789,750円	1,053,000円
合計	918,000円	1,154,700円

3. 原価配分方法として、先入先出法を採用している。
4. 正常減損の処理方法として、非度外視法を採用している。
5. 正常減損は当月投入分からのみ生じたものとする。

問1 正常減損が工程の終点で発生した場合
問2 正常減損が工程の50％点で発生した場合

問題 03 正常減損非度外視法 〜 減損が平均的に発生〜

当社の次の資料にもとづき、月末仕掛品原価、完成品総合原価および完成品単位原価を求めなさい。なお、解答数値に端数が生じる場合には、円未満の端数を四捨五入すること。

資料

1. 生産データ

月初仕掛品	900kg	(0.6)
当月投入	5,850	
計	6,750kg	
正常減損	450	
月末仕掛品	1,800	(0.8)
完成品	4,500kg	

    (注)材料は工程の始点で投入している。(　)は加工進捗度を表している。

2. 原価データ

	直接材料費	加工費
月初仕掛品	128,250円	101,700円
当月投入	789,750円	1,053,000円
合計	918,000円	1,154,700円

3. 原価配分方法として、先入先出法を採用している。
4. 正常減損の処理方法として、非度外視法を採用している。
5. 正常減損は減損率は安定していないものの工程を通じて平均的に発生している。なお、正常減損は当月投入分からのみ生じたものとする。

Section 03 度外視法

問題 04 正常減損度外視法 〜減損が定点で発生〜

当社の次の資料にもとづき、各問における月末仕掛品原価、完成品総合原価および完成品単位原価を求めなさい。なお、解答数値に端数が生じる場合には、円未満の端数を四捨五入すること。

資料

1. 生産データ

月初仕掛品	900kg	(0.6)
当月投入	5,850	
計	6,750kg	
正常減損	450	
月末仕掛品	1,800	(0.8)
完成品	4,500kg	

    (注)材料は工程の始点で投入している。( )は加工進捗度を表している。

2. 原価データ

	直接材料費	加工費
月初仕掛品	128,250円	101,700円
当月投入	789,750円	1,053,000円
合計	918,000円	1,154,700円

3. 原価配分方法として、先入先出法を採用している。
4. 正常減損の処理方法として、度外視法を採用している。正常減損費の負担については、月末仕掛品の加工進捗度を考慮するものとする。
5. 正常減損は当月投入分からのみ生じたものとする。

問1 正常減損が工程の終点で発生した場合
問2 正常減損が工程の50%点で発生した場合

問題 05 正常減損度外視法 ～減損が平均的に発生～

当社の次の資料にもとづき、月末仕掛品原価、完成品総合原価および完成品単位原価を求めなさい。なお、解答数値に端数が生じる場合には、円未満の端数を四捨五入すること。

資料

1. 生産データ

月初仕掛品	900kg	(0.6)
当月投入	5,850	
計	6,750kg	
正常減損	450	
月末仕掛品	1,800	(0.8)
完成品	4,500kg	

（注）材料は工程の始点で投入している。（　）は加工進捗度を表している。

2. 原価データ

	直接材料費	加工費
月初仕掛品	128,250円	101,700円
当月投入	789,750円	1,053,000円
合計	918,000円	1,154,700円

3. 原価配分方法として、先入先出法を採用している。
4. 正常減損の処理方法として、度外視法を採用している。
5. 正常減損は減損率は安定していないものの工程を通じて平均的に発生している。なお、正常減損は当月投入分からのみ生じたものとする。

問題 06 理論問題 ～総合原価計算における減損費の処理～

総合原価計算における正常減損費の処理に関する次の各文章について、正しいと思われるものには○、誤っていると思われるものには×を記入しなさい。

1．正常減損が製造工程の終点で発生した場合で、理論的に望ましいと考えられる負担関係により正常減損費を良品に負担させるとき、完成品総合原価の計算結果は正常減損非度外視法と正常減損度外視法のいずれによっても同じになる。

2．正常減損が製造工程途中の定点で発生した場合で、正常減損費を完成品と月末仕掛品に負担させるとき、完成品総合原価の計算結果は正常減損非度外視法と正常減損度外視法のいずれによっても同じになる。

3．正常減損が製造工程の始点で発生した場合で、理論的に望ましいと考えられる負担関係により正常減損費を良品に負担させるとき、完成品総合原価の計算結果は正常減損非度外視法と正常減損度外視法のいずれによっても同じになる。

4．正常減損が製造工程において平均的に発生した場合で、正常減損費を完成品と月末仕掛品に負担させるとき、完成品総合原価の計算結果は正常減損非度外視法と正常減損度外視法のいずれによっても同じになる。

5．正常減損度外視法は、減損の発生を度外視する方法であるため、異常な状態を原因とする減損による損失を独立して計算することはない。

Section 04 仕損品評価額の処理

問題 07 正常仕損非度外視法(仕損品評価額あり) 〜仕損が定点で発生〜

★★★★★ 応用
答案用紙 P.029
解答・解説 P.9-10

当社の次の資料にもとづき、月末仕掛品原価、完成品総合原価および完成品単位原価を求め、仕掛品勘定に記入しなさい。なお、解答数値に端数が生じる場合には、円未満の端数を四捨五入すること。

資料

1. 生産データ

月初仕掛品	900個	(0.6)
当月投入	5,850	
計	6,750個	
正常仕損	450	
月末仕掛品	1,800	(0.8)
完成品	4,500個	

    (注)材料は工程の始点で投入している。(　)は加工進捗度を表している。

2. 原価データ

	直接材料費	加工費
月初仕掛品	128,250円	101,700円
当月投入	789,750円	1,053,000円
合計	918,000円	1,154,700円

3. 原価配分方法として、先入先出法を採用している。
4. 正常仕損の処理方法として、非度外視法を採用している。
5. 正常仕損は工程の50%点で発生している。なお、正常仕損は当月投入分からのみ生じたものとする。
6. 正常仕損品には1個あたり@90円の処分価値がある。これは主として材料の価値に依存するものである。

問題 08 正常仕損度外視法（仕損品評価額あり）〜仕損が定点で発生〜

★★★★★ 応用

当社の次の資料にもとづき、月末仕掛品原価、完成品総合原価および完成品単位原価を求め、仕掛品勘定に記入しなさい。なお、解答数値に端数が生じる場合には、円未満の端数を四捨五入すること。

資料

1. 生産データ

月初仕掛品	900個	(0.6)
当月投入	5,850	
計	6,750個	
正常仕損	450	
月末仕掛品	1,800	(0.8)
完成品	4,500個	

（注）材料は工程の始点で投入している。（　）は加工進捗度を表している。

2. 原価データ

	直接材料費	加工費
月初仕掛品	128,250円	101,700円
当月投入	789,750円	1,053,000円
合計	918,000円	1,154,700円

3. 原価配分方法として、先入先出法を採用している。
4. 正常仕損の処理方法として、度外視法を採用している。正常仕損費の負担については、月末仕掛品の加工進捗度を考慮するものとする。
5. 正常仕損は工程の50％点で発生している。なお、正常仕損は当月投入分からのみ生じたものとする。
6. 正常仕損品には1個あたり@90円の処分価値がある。これは主として材料の価値に依存するものである。

Column ネットスクールとの出会い

　33歳で独立し、店舗と会社を設立して、15年。

　会計にまるで縁の無い私が、簿記の勉強を始めたのは、良く言えば計数感覚が欲しかったから。

　本当は、税理士さんの手前、恥ずかしかったから。

　ネットスクール（以下NS）との出会いは、偶然。

　たまたま書店で手にしたテキストがNSだった。他のに比べてデザインが異様に派手。本の帯がショッキングピンクなんだけど大丈夫？　と思いながらも買ってしまった。

　WEBで解答速報会を見た。こりゃまた変な講師がいるもんだと思った。社長だった。

　カルチャーショック。ああ、資格の勉強って、堅苦しく考えなくていいんだ。

　楽しんで勉強していいんだ。なんか面白そうだと思って、WEB講座を申し込んだ。

　合格までの1年は、思っていたほど楽ではなかった。

　こんなに勉強したのは学生時代以来かな。いや。初めてかも。

　でも、楽しかった。

　なんだろうね。この楽しさって。

　仲間がいるってことかな。応援してもらえていることかな。

　よくわからないけど、NSのWEB講座は良かったよ。

　合格してから数年。

　あのときの楽しさが忘れられず、またNSの門を叩いた。今度は教材を作るスタッフとして。

　そうして、今、こうして、本を書いている。幸せだなと思う。

　NSには、いろいろな人がいる。基本、変な人が多い。みんな面白い。

　今度は、あなたに会計の面白さを知ってほしい。

　出会えることを楽しみにしています。

Chapter 10

Section 01

工程別総合原価計算(I)

問題編

Section 01　工程別総合原価計算 〜累加法〜………P.10-02
　問題01　累加法
　問題02　累加法 〜工程間振替での予定価格の適用〜
　問題03　理論問題〜工程別総合原価計算〜

Section 01 工程別総合原価計算 〜累加法〜

問題 01 累加法

当社では、累加法による工程別総合原価計算によって製品原価の計算を行っている。以下の資料にもとづいて、答案用紙の諸勘定に記入し、完成品単位原価および月末仕掛品原価を求めなさい。

資料

1. 生産データ

第1工程		第2工程	
月初仕掛品	500kg（50％）	月初仕掛品	200kg（20％）
当月投入	2,400kg	当工程受入	2,000kg
合計	2,900kg	合計	2,200kg
正常減損	100kg（40％）	正常減損	100kg
月末仕掛品	400kg（80％）	月末仕掛品	300kg（40％）
完成品	2,400kg	完成品	1,800kg

（注）（ ）は仕掛品の加工進捗度または減損の発生点を表している。
また第2工程の減損は、工程を通じて平均的に発生している。

2. 原価データ

	直接材料費	加工費	前工程費
第1工程			
月初仕掛品	266,400円	166,560円	－
当月投入	1,296,000円	1,677,600円	－
合計	1,562,400円	1,844,160円	
第2工程			
月初仕掛品	－	85,464円	252,372円
当月投入	－	4,113,000円	？円
合計	－	4,198,464円	？円

3. その他のデータ
  (1) 原価配分は、平均法による。
  (2) 材料は第1工程の始点ですべて投入している。
  (3) 正常減損費の処理は度外視法による。正常減損費を月末仕掛品にも負担させるか否かは、月末仕掛品の加工進捗度と減損の発生点を考慮して判断している。

問題 02 累加法～工程間振替での予定価格の適用～

当社は、製品Xを生産しており、工程別総合原価計算を採用している。すでに製品Xに関する第1工程の原価計算を完了し、これから第2工程の原価計算を実施しようとしている。当月の第1工程完成品はすべて予定価格@240円で第2工程に振り替えている。第2工程に関する次の資料にもとづいて、製品Xの完成品総合原価を計算し、振替差異（借方差異、貸方差異を明示すること）を求めなさい。

資料

1. 生産データ

月初仕掛品	100kg（50％）
当月投入	900kg
合　　計	1,000kg
正常減損	20kg（平均的に発生）
月末仕掛品	100kg（60％）
完 成 品	880kg

2. 原価データ

	前工程費	加工費
月初仕掛品	24,500円	11,000円
当月投入	？　円	212,250円
合　　計	？　円	223,250円

3. その他
   (1) 原価配分は、平均法による。
   (2) 正常減損費の処理は度外視法による。
   (3) 仕掛品の（ ）は、加工進捗度を表している。
   (4) 当月の第1工程完成品総合原価の実際発生額は217,290円であった。

問題 03 理論問題〜工程別総合原価計算〜

次の文章は『原価計算基準』から、工程別総合原価計算に関する文章を一部抜粋したものである。空欄に入る適切な語句を解答しなさい。

総合原価計算において、製造工程が二以上の連続する工程に分けられ、工程ごとにその工程製品の総合原価を計算する場合には、一工程から次工程へ振り替えられた工程製品の総合原価を、（　ア　）又は（　イ　）として次工程の製造費用に加算する。この場合、工程間に振り替えられる工程製品の計算は、（　ウ　）又は正常原価によることができる。

日商簿記1級を学習した方へ WEB講座のご案内

税理士試験

ネットスクールの税理士講座は、簿記論と財務諸表論の2科目を一体として学習していきます。一番勉強して効率がいい方法は何かと考えるとこの一体型になりました。
簿記学習を先に進める面白さを味わいながら、ぜひ一緒に「高み」に登りましょう。

藤田健吾　桶本直樹

全力で応援します！

標準コース

ネットスクールでは、自分で学習ができるテキスト・問題集をご用意しておりますが、より効率よく学習したい方には、"どんな通学講座にも負けない"ネットスクールのWEB講座の受講もお勧めします。ネットスクールが誇るカリスマ講師による講義が受講できます！

簿記論・財務諸表論

5月〜8月	9月〜12月	1月〜4月	5月	6月	7月	8月
	\<わかる期間\>		\<できる期間\>			
	基礎講義 26回	応用講義 24回		とおる模試		
早期申込特典 前年度分基本講義	簿記演習10回+確認テスト3回 財表演習10回+確認テスト3回	簿記演習10回+確認テスト4回 財表演習10回+確認テスト4回	過去問ゼミ6回	的中答練	答練6回	本試験

法人税法・相続税法

9月〜10月	12月	1月	……	4月	5月	6月	7月	8月
入門講義（7回）	基礎講義（20回）	応用講義（26回）			直前まとめ講義（5回）	的中答練(前半3回)	とおる模試 的中答練(後半3回)	本試験
	基礎講義確認テスト（3回）	応用講義確認テスト（4回）						
					改正セミナー	過去問ゼミ（6回）		

消費税法

9月〜10月	12月	1月	……	4月	5月	6月	7月	8月
入門講義（4回）	年内基礎講義（11回）	年明基礎講義（8回）	応用講義（14回）		直前まとめ講義（4回）	的中答練(前半3回)	とおる模試 的中答練(後半3回)	本試験
	基礎講義確認テスト（3回）		応用講義確認テスト（3回）					
					改正セミナー			

	初めて受講する方*				
	簿記論+財表（2科目）	簿記論	財務諸表論	法人税法、相続税法 それぞれ	消費税法
教材込	198,000円	139,000円	139,000円	139,000円	97,000円
教材別	175,000円	124,000円	124,000円	124,000円	82,000円

* ネットスクールのWEB講座を受講されていた方、再受講の方への割引料金もご用意しています。また、受講料金は税込価格です。
なお、このページは、平成27年度試験対策講座の情報を元に作成しています（平成26年11月現在）。
内容は変更となる場合がございますので、最新の情報は弊社ホームページにてご確認下さい。

全経簿記上級

試験対策コース

日商簿記1級とともに税理士試験の受験資格になっている全経簿記上級試験の合格に向けたアウトプットトレーニングコースで、日商簿記1級の受験経験がある方に最適です。一科目100点／合計400点満点の全経簿記上級は部分配点も多く、日商簿記1級と比較しても得点しやすい内容となっていますが、試験の出題傾向に合わせた試験対策は不可欠です。試験対策コースで本試験の傾向に合わせたアウトプットトレーニングを行い、全経上級試験の合格を目指しましょう！

12月・5月	1月・6月	2月・7月	
解き方講義（8回）商会4回 工原4回（オンデマンド）		工商 試験対策講義 原会 策 ライブ 2回 2回 講義	本試験
会計理論マスター（オンデマンド）			

【試験対策講義】
①総まとめ講義
②とおる模試
（予想問題）

初めて受講する方	
教材込	20,500 円
教材別	18,500 円

建設業経理士1級

フルパックコース

建設業経理士試験に合格するコツは過去問題を解けるようにすることです。そのために必要な基礎知識と問題を効率よく解く「解き方」をわかりやすくお伝えします。

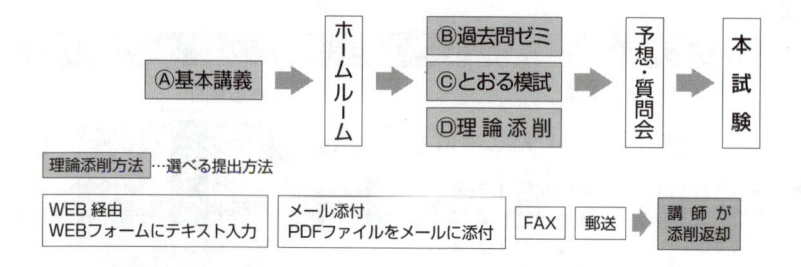

Ⓐ基本講義 → ホームルーム → Ⓑ過去問ゼミ／Ⓒとおる模試／Ⓓ理論添削 → 予想・質問会 → 本試験

理論添削方法…選べる提出方法

| WEB経由 WEBフォームにテキスト入力 | メール添付 PDFファイルをメールに添付 | FAX | 郵送 | → 講師が添削返却 |

講座料金

級・科目		フルパックⒶ＋Ⓑ＋Ⓒ＋Ⓓ（基礎から学習したい方向け）		直前対策パックⒷ＋Ⓒ＋Ⓓ（得点力を付けたい学習経験者向け）	
		教材込	教材別	教材込	教材別
1級	財務諸表	42,500 円	41,100 円	21,900 円	20,500 円
	原価計算	37,400 円	36,000 円		
	財務分析	37,400 円	36,000 円		
	3科目申込	104,000 円	99,000 円	54,300 円	49,300 円

ファイナンシャルプランナー（FP）

3級FPコース

生活に関わる幅広い知識が問われるため学習範囲は広く、合格には様々な知識が必要です。まずは入門資格の3級から挑戦しましょう。各分野の重要ポイントや頻出ポイントを押さえ、初学の方にわかりやすく講義を組み立てています。

| 基本講義〔6回〕 | 本試験 |
| WEBドリル（300問）・模擬試験（学科／実技） | |

初めて受講する方	
教材込	10,000 円
教材別	9,000 円

こちらに掲載しているWEB講座はスマートフォン・タブレット端末での学習に対応しています。

※WEB講座の内容・カリキュラム・料金等は予告なく変更する場合がございます。
　最新情報はネットスクールホームページにてご確認ください。
　なお、このページに記載している受講料金は、すべて税込価格です。

お問い合わせ／お申し込みは　ネットスクール WEB 講座
ネットスクール 検索 今すぐアクセス！
フリーコール 0120-979-919
http://www.net-school.co.jp/

日商簿記1級を学習した方へ書籍のご案内

1級学習者におすすめ！ 税理士試験

日商簿記検定1級を学習した方には、税理士試験の学習がおすすめです。ネットスクールでは税理士試験の合格を目指す方のために下記の書籍シリーズをご用意しています。

基礎期・応用期の学習に

テキスト
税理士とおるテキスト簿記論・財務諸表論／法人税法／相続税法／消費税法／国税徴収法（平成26年12月刊行予定） 2,800円～3,000円

問題集
税理士とおるゼミ簿記論／財務諸表論／法人税法／相続税法／消費税法 2,200円～2,400円

総合計算演習
税理士とおる総合計算問題集簿記論／財務諸表論／法人税法／相続税法 各3,000円

理論対策
税理士理論ナビ財務諸表論／法人税法／相続税法／消費税法 各1,600円

直前期の総仕上げに！

直前予想問題
税理士ラストスパート模試簿記論／財務諸表論 各2,000円　法人税法／相続税法／消費税法 各2,800円

※ 価格はすべて税抜価格です（平成26年11月現在）

ネットスクールの電子書籍紹介は次ページ ➡

税理士検定以外の簿記会計資格！
全経簿記・建設業経理士・日商簿記

全経簿記能力検定試験、建設業経理士、日商簿記検定のテキスト・問題集もご用意しています。

全経簿記能力検定上級

日商2級合格者が全経上級に合格できるテキスト商会編／工原編
各 2,200 円

全経簿記上級模擬試験問題集
1,800 円

全経簿記上級過去問題集出題傾向と対策
2,400 円

建設業経理士

サクッとうかる2級建設業経理士テキスト
1,200 円

建設業経理士2級出題パターンと解き方過去問題集＆テキスト
2,000 円

建設業経理士1級出題パターンと解き方過去問題集＆テキスト
財務諸表／財務分析／原価計算
各 2,000 円

日商簿記検定1級

日商簿記1級に合格するための学校 [テキスト]
商業簿記・会計学基礎編I／工業簿記・原価計算基礎編I 各 2,000 円
商業簿記・会計学基礎編II／工業簿記・原価計算基礎編II 各 2,200 円
商業簿記・会計学完成編／工業簿記・原価計算完成編 各 2,400 円

日商簿記1級に合格するための学校 [問題集]
商業簿記・会計学基礎編I／工業簿記・原価計算基礎編I 各 1,800 円
商業簿記・会計学基礎編II／工業簿記・原価計算基礎編II 各 2,000 円
商業簿記・会計学完成編／工業簿記・原価計算完成編 各 2,200 円

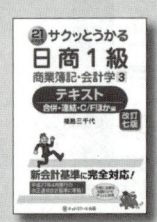

サクッとうかる日商1級商業簿記・会計学テキスト1,2,3／工業簿記・原価計算テキスト1,2,3
各 1,200 円

サクッとうかる日商1級商業簿記・会計学トレーニング1,2,3／工業簿記・原価計算トレーニング1,2,3
各 1,200 円

日商簿記1級過去問題集～出題パターンと解き方～
2,000 円

日商簿記1級ラストスパート模試
2,000 円

その他、いろいろな資格、スキルアップ学習に最適なテキスト・問題集

「簿記・会計の知識に加えて、更に違う分野の知識も身に付けたい」
ネットスクールではそんなご要望にもお応えできるように、販売士検定、宅建士、FP（ファイナンシャル・プランナー）など、簿記・会計以外の分野の学習書籍もご用意しています。

キラリ☆合格シリーズ

合格体験を通して未来への自信につなげてほしい、輝く未来に歩んで欲しいという想いを込めて制作した、短期学習での合格に適したシリーズです。

キラリ☆合格販売士検定3級テキスト＆問題集 1,400 円
キラリ☆合格販売士検定3級過去問題集 1,200 円
キラリ☆合格FP2級、3級テキスト＆問題集 1,500 円～

サクッとシリーズ

サクッとうかる宅建士テキスト＆問題集 2,600 円
サクッとわかる貿易実務 1,600 円
サクッとうかる乙種第4類危険物取扱者テキスト＆問題集 1,600 円

やさしい法律シリーズ 800 円～

民法の解説 - 債権法 -
民法の解説 - 相続法 -
民事執行法の解説
マンション法の解説 - 区分所有法 -
マンション管理適正化法の解説
借地借家法の解説 - 定期借家権 -
特定商取引法の解説
消費者契約法の解説
個人情報保護法の解説
民事再生法の解説 - 企業再生手続 -
不動産登記法の解説

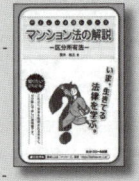

医療系

診療報酬請求事務能力認定試験 医療事務
厳選レセプト作成問題集 1,800 円

※掲載価格はすべて税別です。（2014年11月現在）
資格の情報や書籍の詳細は弊社ホームページをご覧ください。
URL http://www.net-school.co.jp/

いつでも、どこでも勉強できる
電子書籍のご案内

ネットスクールのアプリ・電子書籍は、ただ読むだけの電子書籍、パッと見が面白い仕掛けだけのアプリではありません。
実際に使えて、本当に学習効果の上がるものだけをご提供しています。

■アプリのご案内■

テキスト上で関連講義の動画が見られる！
対応機種 iPad

アプリ版 サクッと簿記（3級、2級商簿、2級工簿）

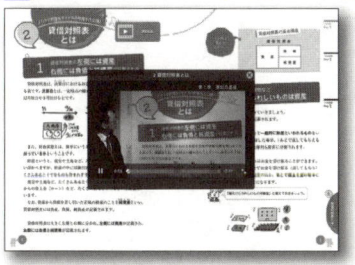

テキストを読みながら、動画講義を見ることができます。

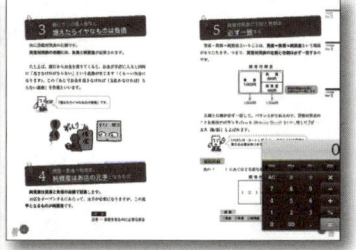

電卓が内蔵されているので、電車の中でも電卓をたたきながら学習を進められます。

最短7日間完成。自分に必要な部分だけを購入できます。

DAY1（無料版）
各DAY（¥200～¥500）
内容、価格については弊社ホームページをご覧ください。

※総容量3級：1GB、2級商簿：4GB、2級工簿：4GB。ダウンロードの際は、必ずWi-Fi環境にてダウンロードしてください。

▶アプリのお求めは … iTunes または AppStore で　サクッと簿記　と検索！

※ App Store、iTunes は、米国および他国の Apple Inc. の登録商標です。

■電子書籍（自己ガク）のご案内■

ネットスクールの人気テキストをパソコンやスマートフォン、タブレットでも読もう！

電子書籍販売サイト"自己ガク"にて、ネットスクールの人気書籍を発売中。
外出先での勉強で、重い書籍を何冊も持ち運ぶ必要なく、いつでもどこでも学習が出来ます。
また、電子書籍ならではの便利な機能も充実。
自宅では紙の書籍でじっくり学習、外出先では電子書籍で効率的に学習して、短期合格を目指しましょう！

人気書籍がパソコン、スマートフォン、タブレットでどこでも読めるので、書籍を何度も持ち運ぶ必要がなく、スキマ時間の学習にピッタリ！

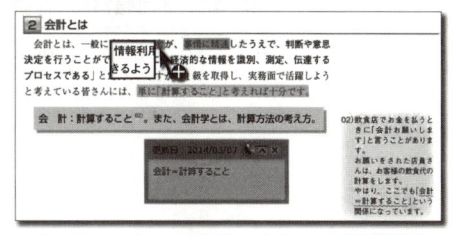

ふせんやマーカー、暗記シートなど、電子書籍ならではの便利なツール群を活用することで、より効率的な学習も可能。（上記の機能はパソコンのみの機能となります。）

※ラインナップは順次増やしていく予定です。詳しくは、自己ガクホームページにてご確認下さい。
※価格は書籍によって異なります。

▶電子書籍のお求めは
❶自己ガクホームページへアクセス　http://jikogaku.jp/ または　自己ガク　で検索
❷購入したい書籍名または「ネットスクール」で検索
❸検索結果から購入したい書籍をクリックして購入

※詳しいご利用方法は、自己ガクホームページの案内をご覧下さい。※「自己ガク」は共同印刷株式会社が運営する電子書籍販売サイトです。

価格、仕様等は変更になる場合がございます。最新の情報はホームページをご覧下さい。

ネットスクールが誇る講師、スタッフが一丸となってこの1冊ができあがりました。
十分理解できましたか？
繰り返し学習し、合格の栄冠を勝ち取ってください。
制作スタッフ一同、心よりお祈り申し上げます。

■制作スタッフ■
山田 裕基／神原 大二／垣花 健人／曽我 美月／倉地 裕行／鴇田 陽子

■フォーマットデザイン■
株式会社 インフォルム

■カバーデザイン■
塩飽 晴海

■本文イラスト■
佐伯 マスオ

本書の内容についてのご質問や正誤に関するお問合わせは、下記までお寄せください。
ネットスクール 質問受付ダイヤル ☎03-6823-6459
受付時間　月曜日・金曜日　14:00～16:00
　　　　　水曜日　　　　　10:00～12:00
なお、質問内容によってはその場で即答できない場合もありますのでご了承ください。
※詳細はネットスクールホームページでご確認ください。

日商簿記1級に合格するための学校［問題集］
工業簿記・原価計算　基礎編Ⅰ
2014年11月29日　初　版　第1刷発行

著　者　ネットスクール株式会社
発行者　桑　原　知　之
発行所　ネットスクール株式会社
　　　　　　出　版　本　部
〒101-0054 東京都千代田区神田錦町3-23
電　話　03（6823）6458（営業）
FAX　03（3294）9595
http://www.net-school.co.jp

DTP制作　　株式会社　日本制作センター
印刷・製本　株式会社　日本制作センター

©Net-School 2014　　Printed in Japan　　ISBN 978-4-7810-3156-9

本書は、「著作権法」によって、著作権等の権利が保護されている著作物です。本書の全部または一部につき、無断で転載、複写されると、著作権等の権利侵害となります。上記のような使い方をされる場合には、あらかじめ小社宛許諾を求めてください。

落丁・乱丁本はお取り替えいたします。

〈別冊〉答案用紙

ご利用方法

以下の答案用紙は、この紙を残したままていねいに抜き取りご利用ください。
なお、抜取りのさいの損傷によるお取替えはご遠慮願います。

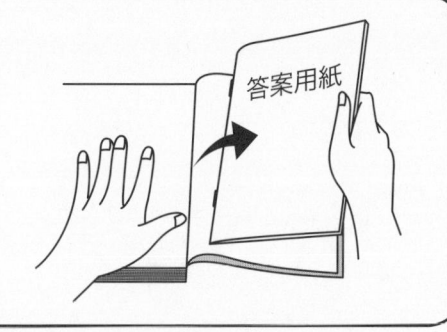

解き直しのさいには…
答案用紙ダウンロードサービス

ネットスクールHP（http://www.net-school.co.jp/）➡ 読者の方へ
をクリック

〈附册〉参考題解答

Chapter 01　学習を始めるにあたって

Section 02　原価計算基準の基本

問題 01　理論問題～原価計算の目的～

解答・解説 P.1-03

ア	イ	ウ	エ

問題 02　理論問題～原価の本質～

解答・解説 P.1-03

I	II

問題 03　理論問題～原価の分類～

解答・解説 P.1-03

問1

ア	イ	ウ	エ

問2

ア	イ	ウ	エ	オ

Section 03 製造業の勘定連絡と財務諸表

問題 04 勘定連絡

解答・解説 P.1-04

(単位:円)

(1)			
(2)			
(3)			
(4)			
(5)			
(6)			
(7)			
(8)			
(9)			
(10)			
(11)			

【注】(　　)には勘定科目、(　　)には金額(単位：円)を記入すること。

	材　　　料				仕　掛　品		
前月繰越	30,000	諸　　口	(　　　)	前月繰越	60,000	(　　　　)	(　　　　)
(　　　)		次月繰越	(　　　)	(　　　)		次月繰越	(　　　　)
	(　　　)		(　　　)	(　　　)	(　　　)		
				(　　　)	(　　　)		
前月繰越	(　　　)			(　　　)	(　　　)		
							(　　　)
				前月繰越	(　　　)		

	賃金・給料		
(　　　)	(　　　)	未払賃金	70,000
未払賃金	(　　　)	諸　　口	(　　　)
	(　　　)		(　　　)
		前月繰越	(　　　)

	製造間接費		
(　　　)	(　　　)	(　　　)	(　　　)
(　　　)	(　　　)		
(　　　)	(　　　)		
(　　　)	(　　　)	(　　　)	(　　　)

	経　　　費		
前払経費	30,000	諸　　口	(　　　)
(　　　)	(　　　)	前払経費	(　　　)
	(　　　)		(　　　)
前月繰越	(　　　)		

	販売費及び一般管理費		
(　　　)	(　　　)	(　　　)	(　　　)
(　　　)	(　　　)		
(　　　)	(　　　)	(　　　)	(　　　)

	製　　　品		
前月繰越	130,000	(　　　)	(　　　)
(　　　)	(　　　)	次月繰越	(　　　)
	(　　　)		(　　　)
前月繰越	(　　　)		

	月次損益		
(　　　)	(　　　)	(　　　)	(　　　)
(　　　)	(　　　)		

	売上原価		
(　　　)	(　　　)	(　　　)	(　　　)

	売　　　上		
(　　　)	(　　　)	(　　　)	(　　　)

問題 05 損益計算書の作成

解答・解説 P.1-06

(単位：円)

```
            仕    掛    品
前 期 繰 越 (        )  製       品 (        )
直 接 材 料 費 (        )  次 期 繰 越 (        )
直 接 労 務 費 (        )
製 造 間 接 費 (        )
           (        )          (        )
```

損 益 計 算 書

××社　　　　自×1年1月1日　至×1年12月31日　　　　（単位：円）

I 売　上　高			(　　　)
II 売　上　原　価			
1．期首製品棚卸高	(　　　)		
2．当期製品製造原価	(　　　)		
合　　計	(　　　)		
3．期末製品棚卸高	(　　　)		
差　　引	(　　　)		
4．原　価　差　額	(　　　)	(　　　)	
売 上 総 利 益		(　　　)	
III 販売費及び一般管理費		(　　　)	
営　業　利　益		(　　　)	
IV 営　業　外　収　益		(　　　)	
V 営　業　外　費　用		(　　　)	
経　常　利　益		(　　　)	

問題 06　製造原価報告書の作成

解答・解説 P.1-07

製造原価報告書　　　　　　　　　　（単位：円）

Ⅰ　材　料　費
　1．期首材料棚卸高　　（　　　　　）
　2．当期材料仕入高　　（　　　　　）
　　　　合　　　計　　　（　　　　　）
　3．期末材料棚卸高　　（　　　　　）
　　　　当 期 材 料 費　　　　　　　　　　　（　　　　　）
Ⅱ　労　務　費
　　　　当 期 労 務 費　　　　　　　　　　　（　　　　　）
Ⅲ　経　　　費
　1．電　力　料　　　　（　　　　　）
　2．運　　　賃　　　　（　　　　　）
　3．保　険　料　　　　（　　　　　）
　4．減 価 償 却 費　　　（　　　　　）
　5．棚 卸 減 耗 費　　　（　　　　　）
　　　　当 期 経 費　　　　　　　　　　　　（　　　　　）
　　　　当期総製造費用　　　　　　　　　　（　　　　　）
　　　（　　　　）　　　　　　　　　　　　（　　　　　）
　　　　合　　　計　　　　　　　　　　　　（　　　　　）
　　　（　　　　）　　　　　　　　　　　　（　　　　　）
　　　（　　　　）　　　　　　　　　　　　（　　　　　）

当期売上原価は　[　　　　　]　円である。

Chapter 02　材料費会計

Section 02　材料購入の会計処理

問題 01　材料副費

解答・解説 P.2-01

問1.　　　　　　　　　　　　　　　　　　　　　　　　　　（単位：円）

(1) 材料購入の仕訳

材料副費実際発生額の仕訳

配賦差異計上の仕訳

　　　　　　　当　座　預　金　　　　　　　　　　　　　材　　　　　料
　　　　　　　　　　　｜（　　　　　）　　　　　（　　　　　）｜

　　　　　　　材　料　副　費　　　　　　　　　　材料副費配賦差異
　　　（　　　　　）｜（　　　　　）　　　　　（　　　　　）｜
　　　　　　　　　　｜（　　　　　）

(2) 材料購入の仕訳

材料副費実際発生額の仕訳

配賦差異計上の仕訳

問2.　　　　　　　　　　　　　　　　　　　　　　　　　　　　（単位：円）

材料の庫出（消費）と材料副費予定配賦の仕訳

材料副費実際発生額の仕訳

配賦差異計上の仕訳


```
      材 料 副 費              材        料              仕 掛 品
現金(    ) │(      )      1,100,000 │(      )      (      )│
          │(      )      (      )  │月末 105,000
          │(      )      (      )  │(      )
   (    ) │(      )
    材料副費配賦差異                              製 造 間 接 費
      (    )│                                      (     )│
```

材料費会計 | Chapter 02

Section 03 材料消費の会計処理

問題 02 実際消費額

材料月末残高：

先入先出法	移動平均法	総平均法
（　　　）円	（　　　）円	（　　　）円

問題 03 継続記録法と棚卸計算法

（単位：円）

材　料

前 月 繰 越	（　　　）	仕 掛 品	（　　　）
買 掛 金	（　　　）	製造間接費	（　　　）
		次 月 繰 越	（　　　）
	（　　　）		（　　　）

材料受入価格差異

| 買 掛 金 | （　　　） | | |

問題 04 材料費会計の勘定連絡

【注】（　　　）には勘定科目、（　　　）には金額（単位：円）を記入すること。

A 材　料

前 月 繰 越	（　　　）	仕 掛 品	（　　　）
諸　　　口	（　　　）	製造間接費	（　　　）
		材料消費価格差異	（　　　）
		次 月 繰 越	（　　　）
	（　　　）		（　　　）

B 材　料

前 月 繰 越	（　　　）	仕 掛 品	（　　　）
諸　　　口	（　　　）	製造間接費	（　　　）
		材料消費価格差異	（　　　）
		次 月 繰 越	（　　　）
	（　　　）		（　　　）

外 部 副 費				
引 取 運 賃	(	)	A 材 料	(	)
保 険 料	(	)	B 材 料	(	)
( )	(	)	外部副費配賦差異	(	)

内 部 副 費				
( )	(	)	( )	(	)
保 管 費	(	)			
検 収 費	(	)			

仕 掛 品	
A 材 料	(	)
B 材 料	(	)

製 造 間 接 費	
A 材 料	(	)
B 材 料	(	)
内 部 副 費	(	)

材料消費価格差異	
A 材 料	(	)
B 材 料	(	)

問題 05　理論問題〜材料費〜

解答・解説 P.2-07

ア	イ	ウ	エ	オ	カ	キ

Chapter 03　労務費会計

Section 02　支払賃金の会計処理

問題 01　賃金の未払い

1．当月の賃金消費額　[　　　　　]円

2．各取引の仕訳　　　　　　　　　　　　　　　　　　　　　　（単位：円）

(1)未払賃金勘定で繰り越す方法

ア．			
イ．			
ウ．			
エ．			

(2)賃金勘定で繰り越す方法

ア．			
イ．			
ウ．			
エ．			

Section 03　消費賃金の会計処理

問題 02　直接労務費と間接労務費

直接労務費　[　　　　　]円

間接労務費　[　　　　　]円

問題 03 支払賃金と消費賃金

解答・解説 P.3-02

問1.　　　　　　　　　　　　　　　　　　　　　　　　　　　（単位：円）

(1)			
(2)			
(3)			
(4)			
(5)			
(6)			

問2.　　　　　　　　　　　　　　　　　　　　　　　　　　　（単位：円）

【注】（　　）には勘定科目等の適切な語句、（　　）には金額（単位：円）を記入すること。

賃　金

諸　口	（　　）	（　　）	（　　）
（　　）	（　　）	（　　）	（　　）
		（　　）	（　　）
		（　　）	（　　）
	（　　）		（　　）

未　払　賃　金

（　　）	（　　）	（　　）	（　　）
（　　）	（　　）	（　　）	（　　）
	（　　）		（　　）
		（　　）	（　　）

労務費会計 | Chapter 03

問題 04 労務費会計の勘定連絡

【注】( )には勘定科目を示す番号、( )には金額(単位:円)を記入すること。

(1) 賃　　　金

( )	( )	( )	( )
( )	( )	( )	( )
( )	( )	( )	( )
( )	( )	( )	( )
	( )		( )

(2) 仕　掛　品

前月繰越	×××	××××	×××
( )	( )		

(3) 製 造 間 接 費

××××	×××	××××	×××
( )	( )		

(4) 賃 率 差 異

( )	( )	××××	×××

(5) 未 払 賃 金

( )	( )	前月繰越	( )
次月繰越	( )	( )	( )
	( )		( )

(6) 現　　　金

前月繰越	×××	( )	( )

(7) 預　り　金

××××	×××	前月繰越	×××
		( )	( )

(8) 立　替　金

前月繰越	×××	( )	( )
××××	×××		

問題 05 定時間外作業手当

解答・解説 P.3-05

【注】〔　　〕には勘定科目を示す番号、（　　）には金額(単位：円)を記入すること。

(1) 賃　　　金

〔　　〕	（　　　）	〔　　〕	（　　　）
〔　　〕	（　　　）	〔　　〕	（　　　）
〔　　〕	（　　　）	〔　　〕	（　　　）
〔　　〕	（　　　）	〔　　〕	（　　　）
	（　　　）		（　　　）

(2) 仕　掛　品

前月繰越	×××	××××	×××
〔　　〕	（　　　）		

(3) 製 造 間 接 費

××××	×××	××××	×××
〔　　〕	（　　　）		

(4) 賃　率　差　異

〔　　〕	（　　　）	××××	×××

(5) 未　払　賃　金

〔　　〕	（　　　）	前月繰越	（　　　）
次月繰越	（　　　）	〔　　〕	（　　　）
	（　　　）		（　　　）

(6) 現　　　金

前月繰越	×××	〔　　〕	（　　　）

(7) 預　り　金

××××	×××	前月繰越	×××
		〔　　〕	（　　　）

(8) 立　替　金

前月繰越	×××	〔　　〕	（　　　）
××××	×××		

問題 06 理論問題〜労務費〜

解答・解説 P.3-06

ア	イ	ウ

Chapter 04 経費会計

Section 01 経費会計の基礎知識

問題 01 理論問題〜経費〜

解答・解説 P.4-01

ア	イ

Section 02 外注加工賃

問題 02 外注加工賃の処理

解答・解説 P.4-01

【注】(　)には金額、□には勘定科目を記入しなさい。

問1.　　　　　　　　　　　　　　　　　　　　　　　　　（単位：円）

```
    買　掛　金            外注加工賃           [            ]
       |(        )     (        )|(        )     (        )|

                         材　料
                       60,000 |(        )
```

問2.　　　　　　　　　　　　　　　　　　　　　　　　　（単位：円）

```
    買　掛　金            外注加工賃           [            ]
       |(        )     (        )|(        )     (        )|

                         材　料
                       60,000 |(        )
```

問3.　　　　　　　　　　　　　　　　　　　　　　　　　（単位：円）

```
    材　料              O E M 社              部　品
(        )|(        )  (        )|(        )  (        )|(        )
(        )|(        )  (        )|
                          [            ]
                       (        )|(        )
```

Chapter 05 製造間接費会計

Section 02 製造間接費の予定配賦

問題 01 基準操業度の選択

解答・解説 P.5-01

製品Yへの配賦額　[　　　　　]円
差異分析：
　　　　予 算 差 異　[　　　　　]円（　　　）差異
　　　　操業度差異　[　　　　　]円（　　　）差異
【注】（　　）には有利または不利と記入すること。

問題 02 固定予算と変動予算

解答・解説 P.5-02

① 予 算 差 異（　）　　　　　円
　 操業度差異（　）　　　　　円
　 総 差 異（　）　　　　　円

② 予 算 差 異（　）　　　　　円
　 操業度差異（　）　　　　　円
　 総 差 異（　）　　　　　円

【注】有利差異の場合は＋、不利差異の場合は－を（　　）内に記入すること。

問題 03 製造間接費の予定配賦と配賦差異

解答・解説 P.5-03

【注】〔　　〕には勘定科目、（　　）には金額（単位：円）を記入すること。

製　造　間　接　費

材　　　料	（　　　）	仕　掛　品	（　　　）
賃　　　金	（　　　）	〔　　　〕	（　　　）
経　　　費	（　　　）	〔　　　〕	（　　　）
〔　　　〕	（　　　）		
〔　　　〕	（　　　）		
	（　　　）		（　　　）

予　算　差　異			
(　　　　)	(　　　　)	(　　　　)	(　　　　)
操　業　度　差　異			
(　　　　)	(　　　　)	(　　　　)	(　　　　)

問題 04　損益計算書の作成

解答・解説 P.5-06

（単位：万円）

製　造　間　接　費

間 接 材 料 費	(　　　　)	仕　　掛　　品	(　　　　)
間 接 労 務 費	(　　　　)	原　価　差　異	(　　　　)
間　接　経　費	(　　　　)		
	(　　　　)		(　　　　)

仕　　掛　　品

期　首　有　高	(　　　　)	製　　　　品	(　　　　)
直 接 材 料 費	(　　　　)	異 常 仕 損 費	(　　　　)
直 接 労 務 費	(　　　　)	期　末　有　高	(　　　　)
直　接　経　費	(　　　　)		
製 造 間 接 費	(　　　　)		
	(　　　　)		(　　　　)

損　益　計　算　書　　　　　　　　（単位：万円）

売　　　上　　　高	10,500
売　　上　　原　　価	(　　　　)
売　　上　　総　利　益	(　　　　)
販　　　売　　　費	(　　　　)
一　般　管　理　費	(　　　　)
販売費・一般管理費計	(　　　　)
営　　業　　利　　益	(　　　　)
営　業　外　収　益	(　　　　)
営　業　外　費　用	(　　　　)
経　　常　　利　　益	(　　　　)
特　　別　　利　　益	(　　　　)
特　　別　　損　　失	(　　　　)
税引前当期純利益	(　　　　)

問題 05　理論問題～製造間接費～

解答・解説 P.5-10

ア	イ	ウ	エ	オ

Chapter 06　製造間接費の部門別計算(1)

Section 01　部門別計算〜第1次集計と第2次集計〜

問題 01　直接配賦法

解答・解説 P.6-01

(単位:円)

補助部門費配賦表

摘　要	合　計	製　造　部　門		補　助　部　門		
		切削部	組立部	動力部	修繕部	事務部
部　門　費	3,350,000	1,500,000	1,200,000	300,000	200,000	150,000
動 力 部 費						
修 繕 部 費						
事 務 部 費						
製造部門費	3,350,000					

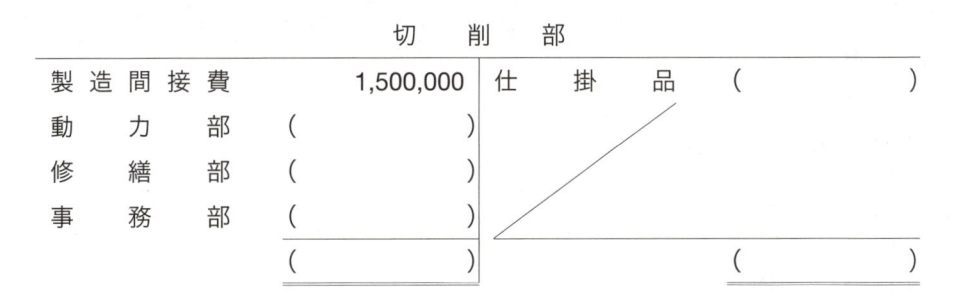

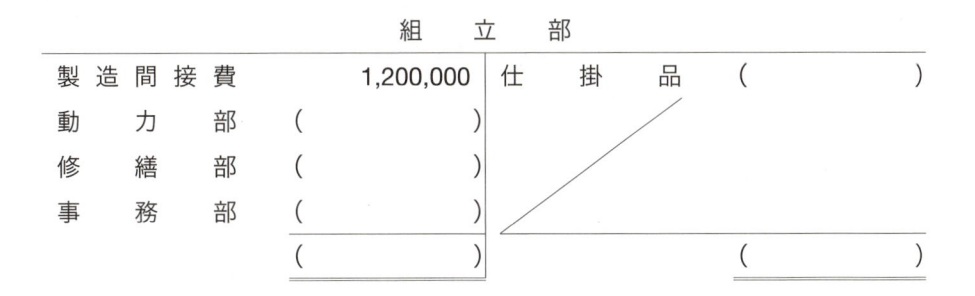

切　削　部

製 造 間 接 費	1,500,000	仕　掛　品	(　　　　)
動 　力 　部	(　　　　)		
修 　繕 　部	(　　　　)		
事 　務 　部	(　　　　)		
	(　　　　)		(　　　　)

組　立　部

製 造 間 接 費	1,200,000	仕　掛　品	(　　　　)
動 　力 　部	(　　　　)		
修 　繕 　部	(　　　　)		
事 　務 　部	(　　　　)		
	(　　　　)		(　　　　)

動　力　部

製 造 間 接 費	300,000	切 　削 　部	(　　　　)
		組 　立 　部	(　　　　)
	300,000		(　　　　)

```
              修 繕 部
製造間接費    200,000    切 削 部   (        )
                        組 立 部   (        )
              200,000              (        )


              事 務 部
製造間接費    150,000    切 削 部   (        )
                        組 立 部   (        )
              150,000              (        )
```

問題 02 相互配賦法(簡便法)

解答・解説 P.6-03

補助部門費配賦表　　　　　　　　　　(単位：円)

摘要	合計	製造部門		補助部門		
		機械部	組立部	材料部	保全部	事務部
部門費						
第1次配賦						
材料部費						
保全部費						
事務部費						
第2次配賦						
材料部費						
保全部費						
製造部門費						

問題 03 階梯式配賦法～補助部門の順位付け～

解答・解説 P.6-04

問1．(1) 加工部門への補助部門費配賦額 ［　　　　］万円
　　 (2) 組立部門への補助部門費配賦額 ［　　　　］万円
問2．(1) 加工部門への補助部門費配賦額 ［　　　　］万円
　　 (2) 組立部門への補助部門費配賦額 ［　　　　］万円

問題 04 階梯式配賦法～勘定記入～

解答・解説 P.6-06

補助部門費配賦表　　　　　　　　　（単位：円）

摘　要	合　計	製　造　部　門		補　助　部　門		
		切削部	仕上部	（　）部	（　）部	（　）部
部門個別費						
部門共通費						
部門費合計						
製造部門費						

（単位：円）

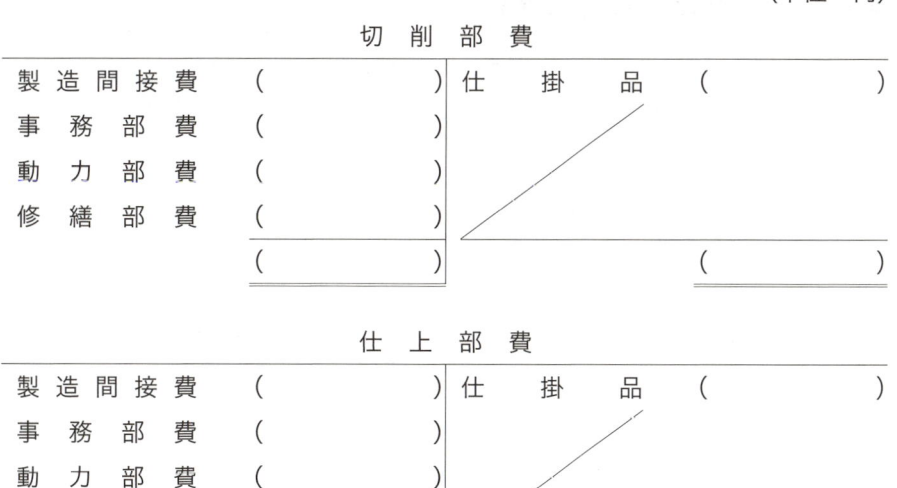

切　削　部　費

製造間接費	（　　　）	仕　掛　品	（　　　）
事　務　部　費	（　　　）		
動　力　部　費	（　　　）		
修　繕　部　費	（　　　）		
	（　　　）		（　　　）

仕　上　部　費

製造間接費	（　　　）	仕　掛　品	（　　　）
事　務　部　費	（　　　）		
動　力　部　費	（　　　）		
修　繕　部　費	（　　　）		
	（　　　）		（　　　）

修　繕　部　費

製 造 間 接 費	(　　　　)	切 削 部 費	(　　　　)
事 務 部 費	(　　　　)	仕 上 部 費	(　　　　)
動 力 部 費	(　　　　)		
	(　　　　)		(　　　　)

動　力　部　費

製 造 間 接 費	(　　　　)	切 削 部 費	(　　　　)
事 務 部 費	(　　　　)	仕 上 部 費	(　　　　)
		修 繕 部 費	(　　　　)
	(　　　　)		(　　　　)

事　務　部　費

製 造 間 接 費	(　　　　)	切 削 部 費	(　　　　)
		仕 上 部 費	(　　　　)
		修 繕 部 費	(　　　　)
		動 力 部 費	(　　　　)
	(　　　　)		(　　　　)

問題 05　理論問題〜原価の部門別計算〜

解答・解説　P.6-08

ア	イ	ウ	エ

Section 02 製造間接費の部門別予定配賦

問題 06 製造部門別予定配賦（補助部門費・直接配賦法）

解答・解説 P6-08

問1．

予算部門費配賦表　（単位：円）

費目	製造部門		補助部門	
	切削部	仕上部	動力部	事務部
部門費	269,000	211,000	80,000	19,000
動力部費				
事務部費				
製造部門費				

予定配賦率

切削部 [　　　] 円／時間

仕上部 [　　　] 円／時間

問2．

実際部門費配賦表　（単位：円）

費目	製造部門		補助部門	
	切削部	仕上部	動力部	事務部
部門費	276,400	208,600	80,750	19,000
動力部費				
事務部費				
製造部門費				

問3．

（単位：円）

切削部費

部門費	276,400	予定配賦額	（　　　）
動力部費	（　　　）	予算差異	（　　　）
事務部費	（　　　）	操業度差異	（　　　）

仕上部費

部門費	208,600	予定配賦額	（　　　）
動力部費	（　　　）		
事務部費	（　　　）		
予算差異	（　　　）		
操業度差異	（　　　）		

動力部費

部門費	80,750	切削部費	（　　　）
		仕上部費	（　　　）

事務部費

部門費	19,000	切削部費	（　　　）
		仕上部費	（　　　）

製造間接費の部門別計算(I) | Chapter 06

問題 07 製造部門別予定配賦（補助部門費・階梯式配賦法）

解答・解説 P.O-11

問１．　　　　　　　　　予算部門費配賦表　　　　　　（単位：円）

費　目	製造部門		補助部門	
	切削部	仕上部	動力部	事務部
部　門　費	84,000	117,000	79,000	20,000
事 務 部 費				
動 力 部 費				
製 造 部 門 費				

予定配賦率

切削部　[　　　　]　円／時間

仕上部　[　　　　]　円／時間

問２．　　　　　　　　　実際部門費配賦表　　　　　　（単位：円）

費　目	製造部門		補助部門	
	切削部	仕上部	動力部	事務部
部　門　費	84,300	115,950	79,750	20,000
事 務 部 費				
動 力 部 費				
製 造 部 門 費				

問３．　　　　　　　　　　　　　　　　　　　　　　　　（単位：円）

切　削　部　費

部　門　費	84,300	予 定 配 賦 額	(　　　　)
事 務 部 費	(　　　　)	予 算 差 異	(　　　　)
動 力 部 費	(　　　　)	操 業 度 差 異	(　　　　)

仕　上　部　費

部　門　費	115,950	予 定 配 賦 額	(　　　　)
事 務 部 費	(　　　　)		
動 力 部 費	(　　　　)		
予 算 差 異	(　　　　)		
操 業 度 差 異	(　　　　)		

動　力　部　費

部　門　費	79,750	切 削 部 費	(　　　　)
事 務 部 費	(　　　　)	仕 上 部 費	(　　　　)

事　務　部　費

部　門　費	20,000	切 削 部 費	(　　　　)
		仕 上 部 費	(　　　　)
		動 力 部 費	(　　　　)

Chapter 07 実際個別原価計算

Section 01 個別原価計算の基礎知識

問題 01 完成品原価と仕掛品原価

解答・解説 P.7-01

(単位：円)

仕　掛　品

前 月 繰 越	(　　　)	製　　　品	(　　　)
直 接 材 料 費	(　　　)	次 月 繰 越	(　　　)
直 接 労 務 費	(　　　)		
製 造 間 接 費	(　　　)		
	(　　　)		(　　　)

製　　　品

前 月 繰 越	(　　　)	売 上 原 価	(　　　)
仕　掛　品	(　　　)	次 月 繰 越	(　　　)
	(　　　)		(　　　)

指図書別原価計算表　　　　　　　(単位：円)

摘　　　要	No.100	No.102	No.103	合　　　計
前 月 繰 越				
直 接 材 料 費				
直 接 労 務 費				
製 造 間 接 費				
合　　　計				
備　　　考				

Section 02 個別原価計算における仕損の処理

問題 02 仕損費の直接経費処理

No.100 に集計される製造原価 　　　　　　円
No.200 に集計される製造原価 　　　　　　円

問題 03 仕損費の間接経費処理

（イ）

指図書別原価計算表　　　　　　　　　　（単位：円）

	No.101	No.102	No.103	No.104	No.105	No.106
前月繰越	612,300	—	—	—	—	—
直接材料費						
直接労務費						
A 製造部門						
B 製造部門						
製造間接費						
A 製造部門						
B 製造部門						
小　　　計						
仕損品評価額						
仕　損　費						
合　　　計						
備　　　考						

(ロ)　　　　　　　　　　　　　　　　　　　　　　　　　　　　（単位：円）

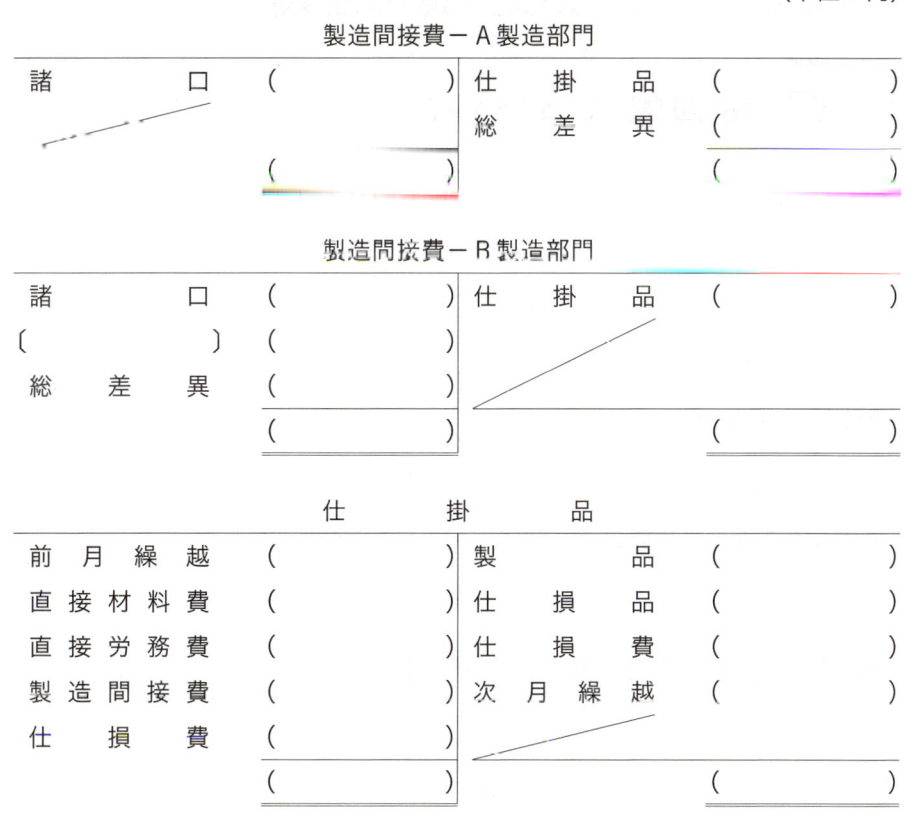

製造間接費－A製造部門

諸　　　　口	（　　　　）	仕　掛　品	（　　　　）
		総　差　異	（　　　　）
	（　　　　）		（　　　　）

製造間接費－B製造部門

諸　　　　口	（　　　　）	仕　掛　品	（　　　　）
（　　　　）	（　　　　）		
総　差　異	（　　　　）		
	（　　　　）		（　　　　）

仕　掛　品

前 月 繰 越	（　　　　）	製　　　　品	（　　　　）
直 接 材 料 費	（　　　　）	仕　損　品	（　　　　）
直 接 労 務 費	（　　　　）	仕　損　費	（　　　　）
製 造 間 接 費	（　　　　）	次 月 繰 越	（　　　　）
仕　損　費	（　　　　）		
	（　　　　）		（　　　　）

(ハ)製造間接費－B製造部門の差異分析

　　　予　算　差　異　（　　　　）円（借・貸）　　【注】借・貸のどちらかを○
　　　操 業 度 差 異　（　　　　）円（借・貸）　　　　で囲むこと。
　　　総　差　異　　（　　　　）円（借・貸）

問題 04　理論問題 ～個別原価計算における仕損の処理～

解答・解説 P.7-06

1		2		3	
4		5			

実際個別原価計算　| Chapter 07

Chapter 08　総合原価計算の基礎

Section 02　単純総合原価計算

問題 01　月末仕掛品の評価(平均法・修正先入先出法)
解答・解説 P.8-01

完成品原価の差額　[　　　　]　円

問題 02　純粋先入先出法
解答・解説 P.8-02

月初仕掛品完成分の完成品単位原価　[　　　　]　円／個
当月着手完成分の完成品単位原価　[　　　　]　円／個

問題 03　追加材料の処理(平均的投入・終点投入)
解答・解説 P.8-03

当月の完成品原価　[　　　　]　円

問題 04　追加材料の処理(途中点投入)
解答・解説 P.8-04

当月の完成品原価　[　　　　]　円
当月完成品単位原価　[　　　　]　円／個

問題 05　理論問題～単純総合原価計算～
解答・解説 P.8-05

ア	イ	ウ	エ

Chapter 09　総合原価計算と仕損・減損(1)

Section 01　仕損・減損の基礎知識

問題 01　異常仕損費の計算

解答・解説 P.9-01

月末仕掛品原価　[　　　　]円　　異常仕損費　[　　　　]円
完成品総合原価　[　　　　]円　　完成品単位原価　[　　　　]円／個

	仕　掛　品		（単位：円）
前　月　繰　越	229,950	製　　　　品	（　　　）
直　接　材　料　費	789,750	損　　　　益	（　　　）
加　　工　　費	1,053,000	次　月　繰　越	（　　　）
	2,072,700		2,072,700

Section 02　非度外視法

問題 02　正常減損非度外視法　〜減損が定点で発生〜

解答・解説 P.9-02

問1．

月末仕掛品原価　[　　　　]円
完成品総合原価　[　　　　]円　　完成品単位原価　[　　　　]円／kg

問2．

月末仕掛品原価　[　　　　]円
完成品総合原価　[　　　　]円　　完成品単位原価　[　　　　]円／kg

問題 03　正常減損非度外視法　〜 減損が平均的に発生 〜

解答・解説 P.9-04

月末仕掛品原価　[　　　　]円
完成品総合原価　[　　　　]円　　完成品単位原価　[　　　　]円／kg

Section 03 度外視法

問題 04 正常減損度外視法 〜 減損が定点で発生 〜
解答・解説 P.9-06

問1.
　　月末仕掛品原価 [　　　　] 円
　　完成品総合原価 [　　　　] 円　　完成品単位原価 [　　　　] 円／kg

問2.
　　月末仕掛品原価 [　　　　] 円
　　完成品総合原価 [　　　　] 円　　完成品単位原価 [　　　　] 円／kg

問題 05 正常減損度外視法 〜減損が平均的に発生〜
解答・解説 P.9-08

　　月末仕掛品原価 [　　　　] 円
　　完成品総合原価 [　　　　] 円　　完成品単位原価 [　　　　] 円／kg

問題 06 理論問題〜総合原価計算における減損費の処理〜
解答・解説 P.9-08

1	2	3	4	5

Section 04 仕損品評価額の処理

問題 07 正常仕損非度外視法（仕損品評価額あり）
～ 仕損が定点で発生 ～

解答・解説 P.9-10

月末仕掛品原価 [　　　　] 円
完成品総合原価 [　　　　] 円　　完成品単位原価 [　　　　] 円／個

(単位：円)

	仕 掛 品		
前 月 繰 越	(　　　)	製　　　　品	(　　　)
直 接 材 料 費	(　　　)	仕　 損　 品	(　　　)
加　工　費	(　　　)	次 月 繰 越	(　　　)
	(　　　)		(　　　)

問題 08 正常仕損度外視法（仕損品評価額あり）
～ 仕損が定点で発生 ～

解答・解説 P.9-11

月末仕掛品原価 [　　　　] 円
完成品総合原価 [　　　　] 円　　完成品単位原価 [　　　　] 円／個

(単位：円)

	仕 掛 品		
前 月 繰 越	(　　　)	製　　　　品	(　　　)
直 接 材 料 費	(　　　)	仕　 損　 品	(　　　)
加　工　費	(　　　)	次 月 繰 越	(　　　)
	(　　　)		(　　　)

Chapter 10　工程別総合原価計算(1)

Section 01　工程別総合原価計算〜累加法

問題 01　累加法

解答・解説 P.10-01

（単位：円）

仕掛品（第1工程）

月初仕掛品	（　　　　）	第1工程完成品　（　　　　）
直接材料費	1,296,000	月末仕掛品　　（　　　　）
加工費	1,677,600	
	（　　　　）	（　　　　）

仕掛品（第2工程）

月初仕掛品	（　　　　）	第2工程完成品　（　　　　）
前工程費	（　　　　）	月末仕掛品　　（　　　　）
加工費	4,113,000	
	（　　　　）	（　　　　）

完成品単位原価 □□□ 円／kg
月末仕掛品原価 □□□ 円

問題 02　累加法〜工程間振替での予定価格の適用〜

解答・解説 P.10-03

完成品原価 □□□ 円
振替差異 □□□ 円（　　差異）

問題 03　理論問題〜工程別総合原価計算〜

解答・解説 P.10-03

ア	イ	ウ

.... *Memorandum Sheet* ....

Memorandum Sheet

ネットスクール出版

〈別冊〉解答解説編

ご利用方法

以下の答案用紙は、この紙を残したままていねいに抜き取りご利用ください。
なお、抜取りのさいの損傷によるお取替えはご遠慮願います。

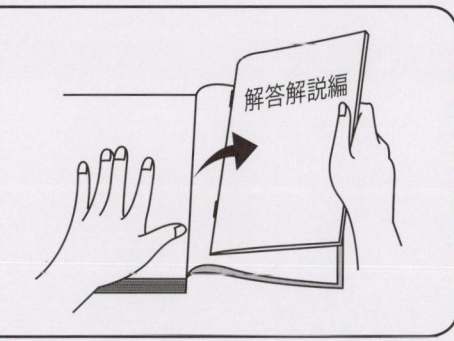

解き直しのさいには…
答案用紙ダウンロードサービス

ネットスクールHP（http://www.net-school.co.jp/）➡ 読者の方へ
をクリック

EXERCISE

日商簿記1級に合格するための学校

とおる簿記シリーズ

日商簿記1級［問題集］
工業簿記・原価計算 基礎編 I

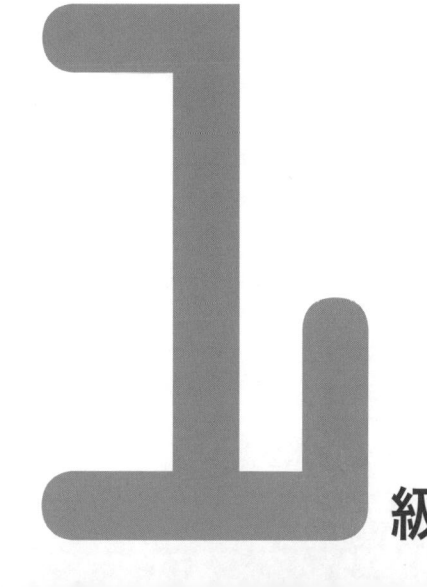

合格のために3つの合格力（＝基本力＋充実力＋決定力）を身に付ける!

解答解説編

1級

ネットスクール出版

Chapter 01　学習を始めるにあたって

Section 02　原価計算基準の基本

問題01　理論問題〜原価計算の目的〜

解答

| ア | 財務諸表 | イ | 価格決定 | ウ | 原価管理 | エ | 基本計画 |

解説

　試験では、本問の形式のような穴埋め問題が出題されることがあります。原価計算基準上の用語に慣れておくようにしましょう。

　原価計算の目的は、これからの学習を進める上で必要不可欠な知識です。

問題02　理論問題〜原価の本質〜

解答

| I | ○ | II | 構成しない |

解説

　試験では、本問の形式のような正誤問題が出題されることがあります。

　原価は、経営目的に関連したものでなければなりません。ここでの経営目的とは一定の財貨を生産し販売することであり、資金の借入などの財務活動は含まれません。よって、借入金の利息は、原則として原価を構成しません。

問題03　理論問題〜原価の分類〜

解答

問1

| ア | 総原価 | イ | 製造 | ウ | 販売 | エ | 一般管理 |

※ウとエは順不同

問2

| ア | 材料 | イ | 労務 | ウ | 経 | エ | 製造直接費 | オ | 製造間接費 |

解説

原価の分類は、これからの計算の学習を進める上で必要不可欠な知識です。

特に、問2の製造原価の分類は2級の復習事項でもありますので、よく理解しておきましょう。

Section 03 製造業の勘定連絡と財務諸表

問題 04 勘定連絡

解答

(1)	材　　　　料	100,000	支　払　手　形		100,000
(2)	仕　掛　品	50,000	材　　　　料		80,000
	製 造 間 接 費	30,000			
(3)	賃 金・給 料	300,000	現　　　　金		300,000
(4)	仕　掛　品	210,000	賃 金・給 料		300,000
	製 造 間 接 費	70,000			
	販売費及び一般管理費	20,000			
(5)	経　　　　費	250,000	当　座　預　金		250,000
(6)	製 造 間 接 費	180,000	経　　　　費		250,000
	販売費及び一般管理費	70,000			
(7)	仕　掛　品	280,000[01]	製 造 間 接 費		280,000
(8)	製　　　　品	520,000	仕　掛　品		520,000
(9)	売　掛　金	1,000,000	売　　　　上		1,000,000
(10)	売　上　原　価	600,000	製　　　　品		600,000
(11)	売　　　　上	1,000,000	月　次　損　益		1,000,000
	月　次　損　益	690,000	売　上　原　価		600,000
			販売費及び一般管理費		90,000

01) 30,000円＋70,000円＋180,000円＝280,000円

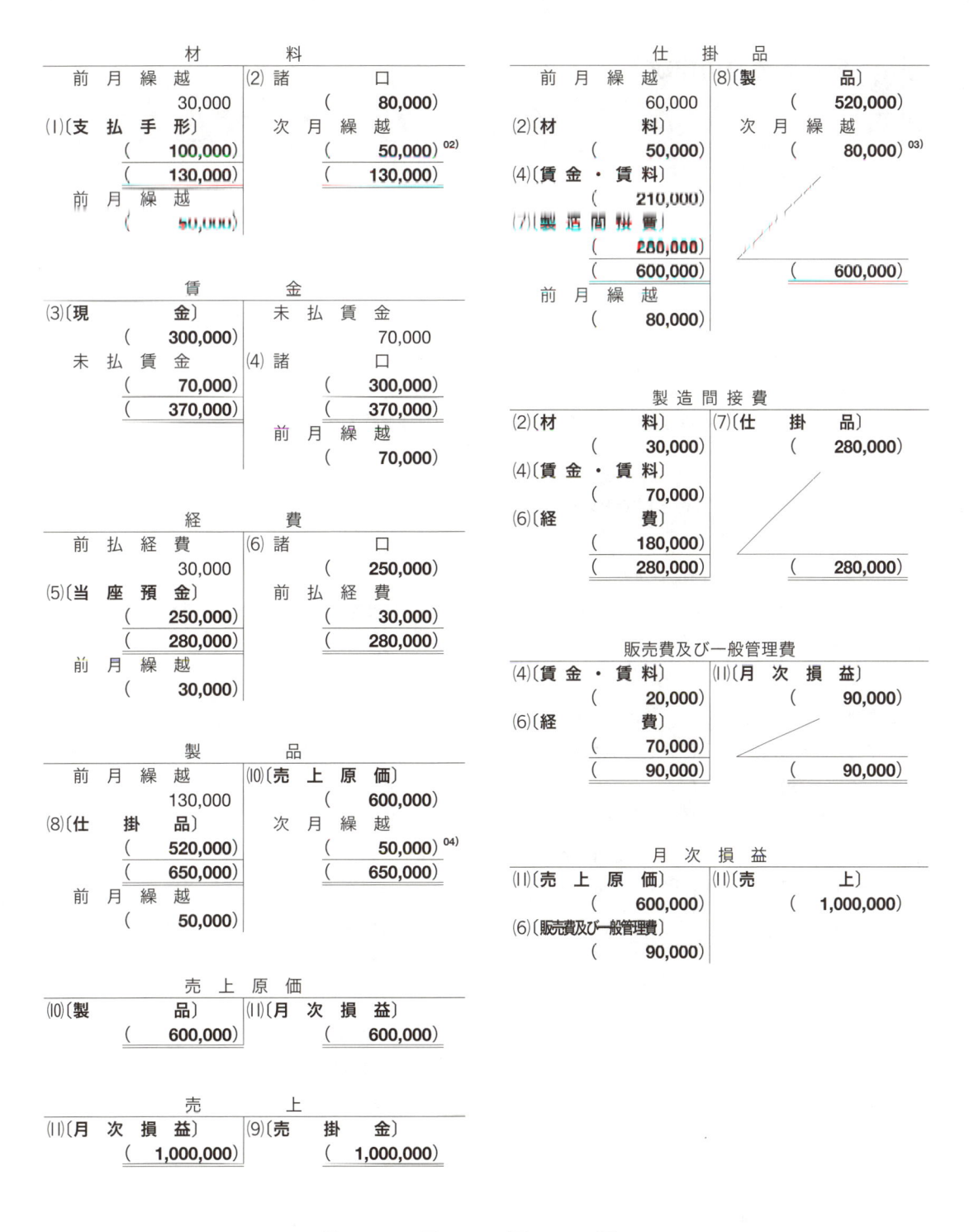

```
            材         料                              仕  掛  品
 前 月 繰 越     │(2)〔諸      口〕        前 月 繰 越     │(8)〔製      品〕
      30,000   │   (    80,000)              60,000   │   (   520,000)
(1)〔支 払 手 形〕│  次 月 繰 越           (2)〔材      料〕│  次 月 繰 越
   (   100,000)│   (    50,000) 02)         (    50,000)│   (    80,000) 03)
   (   130,000)│   (   130,000)         (4)〔賃 金・賃 料〕│
 前 月 繰 越                               (   210,000)│
   (    50,000)                        (7)〔製造間接費〕│
                                          (   280,000)│
                                          (   600,000)│   (   600,000)
                                        前 月 繰 越     │
                                          (    80,000)│

            賃         金                          製 造 間 接 費
(3)〔現      金〕│  未 払 賃 金           (2)〔材      料〕│(7)〔仕  掛  品〕
   (   300,000)│        70,000              (    30,000)│   (   280,000)
  未 払 賃 金    │(4)〔諸      口〕        (4)〔賃 金・賃 料〕│
       70,000  │   (   300,000)             (    70,000)│
   (   370,000)│   (   370,000)         (6)〔経      費〕│
                │  前 月 繰 越              (   180,000)│
                │   (    70,000)             (   280,000)│   (   280,000)

            経         費                        販売費及び一般管理費
  前 払 経 費    │(6)〔諸      口〕        (4)〔賃 金・賃 料〕│(11)〔月 次 損 益〕
       30,000  │   (   250,000)             (    20,000)│   (    90,000)
(5)〔当 座 預 金〕│  前 払 経 費           (6)〔経      費〕│
   (   250,000)│   (    30,000)             (    70,000)│
   (   280,000)│   (   280,000)             (    90,000)│   (    90,000)
 前 月 繰 越     │
   (    30,000)│

            製         品                            月 次 損 益
 前 月 繰 越     │(10)〔売 上 原 価〕      (11)〔売 上 原 価〕│(11)〔売      上〕
     130,000   │   (   600,000)             (   600,000)│   ( 1,000,000)
(8)〔仕  掛  品〕│  次 月 繰 越           (6)〔販売費及び一般管理費〕│
   (   520,000)│   (    50,000) 04)         (    90,000)│
   (   650,000)│   (   650,000)
 前 月 繰 越     │
   (    50,000)│

            売 上 原 価
(10)〔製      品〕│(11)〔月 次 損 益〕
   (   600,000)│   (   600,000)

            売         上
(11)〔月 次 損 益〕│(9)〔売 掛 金〕
   ( 1,000,000)│   ( 1,000,000)
```

02) 30,000円+100,000円−80,000円=50,000円
03) 60,000円+50,000円+210,000円+280,000円−520,000円=80,000円
04) 130,000円+520,000円−600,000円=50,000円

問題 05 損益計算書の作成

|解答|

仕　掛　品

前 期 繰 越 (	8,400)	製　　　品 (	697,200)⁰⁴⁾
直接材料費 (	455,000)⁰¹⁾	次 期 繰 越 (	12,600)
直接労務費 (	148,400)⁰²⁾		
製造間接費 (	98,000)⁰³⁾		
(	709,800)	(	709,800)

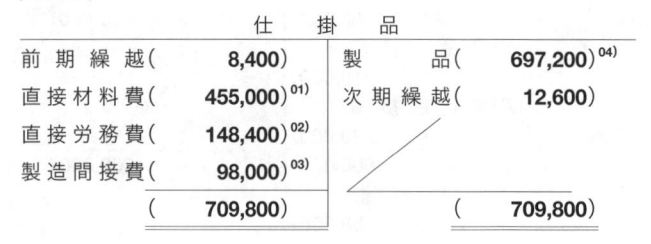

01) $\underset{\text{期首}}{25,200円} + \underset{\text{当期仕入}}{462,000円} - \underset{\text{期末}}{32,200円} = 455,000円$

02) $142,800円 - \underset{\text{期首未払}}{25,200円} + \underset{\text{期末未払}}{30,800円} = 148,400円$

03) 製造間接費当期予定配賦額を記入します。

04) 貸借差額で求めます。

損益計算書

××社　　自×1年1月1日　至×1年12月31日　　　　（単位：円）

I　売　上　高		(	1,120,000)
II　売 上 原 価			
1．期首製品棚卸高	(28,000)		
2．当期製品製造原価	(697,200)⁰⁵⁾		
合　　計	(725,200)		
3．期末製品棚卸高	(36,400)		
差　　引	(688,800)		
4．原 価 差 額	(9,800)⁰⁶⁾	(	679,000)
売上総利益		(	441,000)
III　販売費及び一般管理費		(	224,000)
営 業 利 益		(	217,000)
IV　営 業 外 収 益		(	42,000)
V　営 業 外 費 用		(	35,000)
経 常 利 益		(	224,000)

05) 上記仕掛品勘定で求めた完成品原価（製品）を記入します。

06) 製造間接費配賦差異：$\underset{\text{予定}}{98,000円} - \underset{\text{実際}}{88,200円} = 9,800円$（有利差異）

　　有利差異は売上原価から減算します。

問題 06 製造原価報告書の作成

|解答|

製造原価報告書　　　　　（単位：円）

Ⅰ 材　料　費
1. 期首材料棚卸高　　（　　82,600）
2. 当期材料仕入高　　（　　612,000）
　　合　　計　　　　（　　694,600）
3. 期末材料棚卸高　　（　　95,400）
　　当期材料費　　　　　　　　　　（　　599,200）

Ⅱ 労　務　費
　　当期労務費　　　　　　　　　　（　　520,800）

Ⅲ 経　　　費
1. 電　力　料　　　（　　151,200）
2. 運　　　賃　　　（　　36,400）
3. 保　険　料　　　（　　50,400）
4. 減価償却費　　　（　　95,200）
5. 棚卸減耗費　　　（　　1,600）
　　当期経費　　　　　　　　　　　（　　334,800）
　　当期総製造費用　　　　　　　　（　　1,454,800）
　　〔期首仕掛品棚卸高〕　　　　　（　　145,600）
　　　合　　計　　　　　　　　　　（　　1,600,400）
　　〔期末仕掛品棚卸高〕　　　　　（　　140,000）
　　〔当期製品製造原価〕　　　　　（　　1,460,400）

当期売上原価は 1,530,400 円である。

解説

1. 材料費

主要材料

期首有高 64,400円	当期消費 519,400円 [03]
当期購入 535,000円	棚卸減耗費(製造経費) 1,600円 [02]
	棚卸減耗費(非原価) 400円 [02]
	期末有高(実地) 78,000円 [01]

期末有高(帳簿) 80,000円

工場消耗品

期首有高 18,200円	当期消費 79,800円
当期購入 77,000円	期末有高(帳簿) 15,400円

　製造原価報告書の材料費欄には、上記の合計を記入します。なお、期末材料棚卸高は帳簿棚卸高の合計です。

[01] @100円×780個(実地)=78,000円

[02] 棚卸減耗費総額：@100円×(800個(帳簿)−780個(実地))=2,000円

　　製造経費(間接経費)とする棚卸減耗費：

　　　2,000円×$\frac{4}{5}$=1,600円　…正常な棚卸減耗費

　　非原価項目とする棚卸減耗費：

　　　2,000円×$\frac{1}{5}$=400円　…異常な棚卸減耗費

　　※ 詳しくは、テキスト基礎編I Chapter02で扱っています。

[03] 貸借差額

2. 労務費

賃金

当期支払 515,200円	期首未払 33,600円
期末未払 39,200円	当期消費 520,800円

3．経費

経	費	
当期支払(電力料) 147,000円	期首未払(電力料) 19,600円	
当期支払(運賃) 36,400円	期末前払(保険料) 16,800円	
当期支払(保険料) 67,200円		
減価償却費 95,200円	当期消費 334,800円	
棚卸減耗費(製造経費) 1,600円		
期末未払(電力料) 23,800円		

製造原価報告書上の金額：

電力料：
 147,000円 − 19,600円 ＋ 23,800円
 ＝ 151,200円

保険料：
 67,200円 − 16,800円 ＝ 50,400円

4．仕掛品・製品

仕 掛 品	
期首有高 145,600円	当期製品製造原価 1,460,400円
当期総製造費用 材料費 599,200円 労務費 520,800円 経 費 334,800円 1,454,800円	期末有高 140,000円

製 品	
期首有高 364,000円	売上原価 1,530,400円
当期製品製造原価 1,460,400円	期末有高 294,000円

Chapter 02 材料費会計

Section 02 材料購入の会計処理

問題 01 材料副費

|解答|

問1.

(1) 材料購入の仕訳

材 料	123,000	当 座 預 金	120,000
		材 料 副 費	3,000 [01]

材料副費実際発生額の仕訳

材 料 副 費	3,500	現 金	3,500

配賦差異計上の仕訳

材料副費配賦差異	500	材 料 副 費	500 [02]

[01] 購入代価を配賦基準とします。

材料副費予定配賦率：$\dfrac{50,000円}{2,000,000円}=0.025$

予定配賦額：0.025×120,000円=3,000円

[02] 3,000円−3,500円=△500円
　　 予定配賦額　実際発生額　不利差異

```
       当 座 預 金                        材         料
              ( 120,000)        ( 123,000)

       材 料 副 費
  (  3,500)  (  3,000)                材料副費配賦差異
              (    500)        (    500)
```

(2) 材料購入の仕訳

材 料	122,000	当 座 預 金	120,000
		材 料 副 費	2,000 [03]

材料副費実際発生額の仕訳

材 料 副 費	3,500	現 金	3,500

配賦差異計上の仕訳

材料副費配賦差異	1,500	材 料 副 費	1,500 [04]

03) 購入数量を配賦基準とします。

材料副費予定配賦率：$\dfrac{50,000円}{10,000個}=5円/個$

予定配賦額：5円/個×400個＝2,000円

04) 2,000円−3,500円＝△1,500円
　　予定配賦額　実際発生額　不利差異

問2.

材料の庫出（消費）と材料副費予定配賦の仕訳

仕 掛 品	840,000 [05]	材　　　料	1,000,000
製 造 間 接 費	210,000 [06]	材 料 副 費	50,000 [07]
材　　　料	5,000	材 料 副 費	5,000 [08]

材料副費実際発生額の仕訳

材 料 副 費	60,000	現　　　金	60,000

配賦差異計上の仕訳

材料副費配賦差異	5,000	材 料 副 費	5,000 [09]

05) 800,000円＋800,000円×5％＝840,000円
06) 200,000円＋200,000円×5％＝210,000円
07) 庫出分の材料副費：1,000,000円×5％＝50,000円
08) 月末材料分の材料副費：100,000円×5％＝5,000円
09) 55,000円−60,000円＝△5,000円
　　予定配賦額　実際発生額　不利差異

材 料 副 費			
現金（ 60,000）	（ 50,000）		
	（ 5,000）		
	（ 5,000）		
（ 60,000）	（ 60,000）		

材　　料			
1,100,000	（1,000,000）		
（ 5,000）	月末105,000		
（1,105,000）	（1,105,000）		

仕 掛 品	
（ 840,000）	

材料副費配賦差異	
（ 5,000）	

製 造 間 接 費	
（ 210,000）	

Section 03 材料消費の会計処理

問題 02 実際消費額

|解答|

	先入先出法	移動平均法	総平均法
材料月末残高：	19,200 円	17,220 円	16,320 円

|解説|

1. 先入先出法の場合

			材		料		
5/1	100kg	@108円	10,800円	5/15	100kg	@108円 [01]	10,800円
6	200kg	@120円	24,000円		50kg	@120円	6,000円
				残高	150kg [02]	@120円	18,000円
	150kg	@120円	18,000円	5/27	150kg	@120円 [01]	18,000円
5/21	250kg	@160円	40,000円		130kg	@160円	20,800円
				残高	120kg	@160円	19,200円

[01] 古い材料から先に払い出すと仮定します。
[02] (100kg+200kg)−(100kg+50kg)=150kg

2. 移動平均法の場合

			材		料		
5/1	100kg	@108円	10,800円	5/15	150kg	@116円 [03]	17,400円
6	200kg	@120円	24,000円				
		(@116円) [03]		残高	150kg	@116円	17,400円
	150kg	@116円	17,400円	5/27	280kg	@143.5円 [04]	40,180円
5/21	250kg	@160円	40,000円				
		(@143.5円) [04]		残高	120kg	@143.5円	17,220円

[03] (10,800円+24,000円)÷(100kg+200kg)=@116円
[04] (17,400円+40,000円)÷(150kg+250kg)=@143.5円

3. 総平均法の場合

			材		料		
5/1	100kg	@108円	10,800円	5/15	150kg	@136円 [05]	20,400円
6	200kg	@120円	24,000円	27	280kg	@136円	38,080円
21	250kg	@160円	40,000円				
		(@136円) [05]		残高	120kg	@136円	16,320円

[05] (10,800円+24,000円+40,000円)÷(100kg+200kg+250kg)=@136円

問題 03 継続記録法と棚卸計算法

解答

材 料

前 月 繰 越 (77,050)	仕 掛 品 (198,000)
買 掛 金 (287,200)	製造間接費 (91,850)
	次 月 繰 越 (74,400)
(364,250)	(364,250)

材料受入価格差異

買 掛 金 (11,000)	

解説

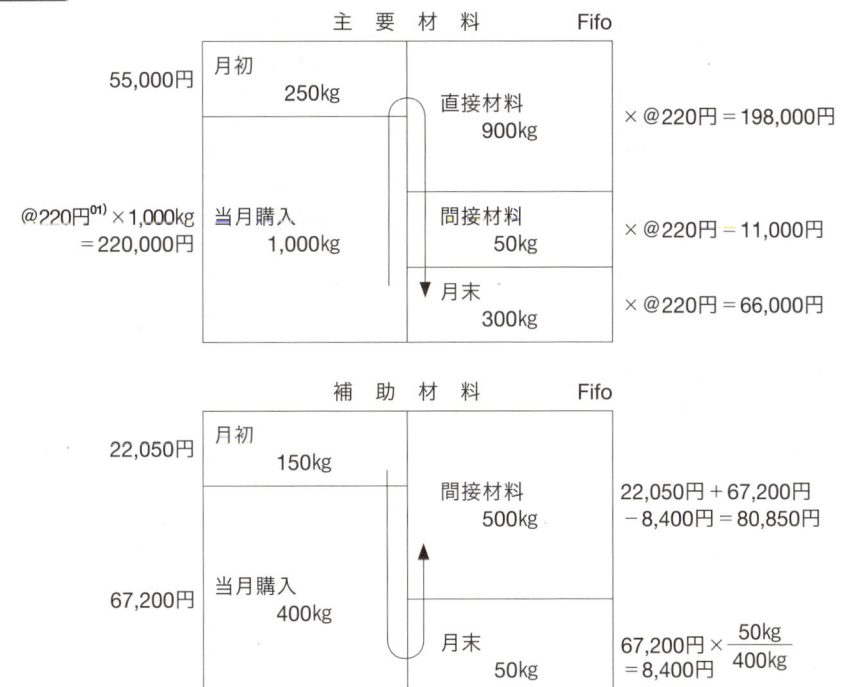

主要材料 Fifo

- 月初 250kg　55,000円
- 当月購入 1,000kg　@220円[01]×1,000kg = 220,000円
- 直接材料 900kg　×@220円 = 198,000円
- 間接材料 50kg　×@220円 = 11,000円
- 月末 300kg　×@220円 = 66,000円

補助材料 Fifo

- 月初 150kg　22,050円
- 当月購入 400kg　67,200円
- 間接材料 500kg　22,050円 + 67,200円 − 8,400円 = 80,850円
- 月末 50kg　67,200円 × 50kg/400kg = 8,400円

01) 予定価格を用います。消費額や月末有高にも予定価格を適用します。

1. 前月繰越
   55,000円 + 22,050円 = 77,050円
2. 材料勘定借方「買掛金」
   220,000円 + 67,200円 = 287,200円
3. 材料勘定貸方「仕掛品」
   直接材料費 198,000円
4. 材料勘定貸方「製造間接費」
   11,000円 + 80,850円 = 91,850円
5. 次月繰越
   66,000円 + 8,400円 = 74,400円
6. 材料受入価格差異
   220,000円 − 231,000円
   = △11,000円(不利差異)

問題 04 材料費会計の勘定連絡

|解答|

A 材 料

前 月 繰 越	(307,440)	仕 掛 品	(507,000)
諸　　　口	(798,000)	製 造 間 接 費	(273,000)
		材料消費価格差異	(6,240)
		次 月 繰 越	(319,200)
	(1,105,440)		(1,105,440)

B 材 料

前 月 繰 越	(163,800)	仕 掛 品	(1,763,000)
諸　　　口	(2,205,000)	製 造 間 接 費	(388,100)
		材料消費価格差異	(41,300)
		次 月 繰 越	(176,400)
	(2,368,800)		(2,368,800)

外 部 副 費

引 取 運 賃	(28,800)	A 材 料	(38,000)
保 険 料	(42,800)	B 材 料	(105,000)
〔買 入 手 数 料〕	(71,800)	外部副費配賦差異	(400)

内 部 副 費

〔購 入 事 務 費〕	(23,000)	〔製 造 間 接 費〕	(78,000)
保 管 費	(40,000)		
検 収 費	(15,000)		

仕 掛 品

A 材 料	(507,000)
B 材 料	(1,763,000)

製 造 間 接 費

A 材 料	(273,000)
B 材 料	(388,100)
内 部 副 費	(78,000)

材料消費価格差異

A 材 料	(6,240)
B 材 料	(41,300)

解説

材料費全般からの問題です。一見難しそうに見えますが、ボックス図を使って整理するとスムーズに解けます。

1. ボックス図を使って材料費データを整理します。

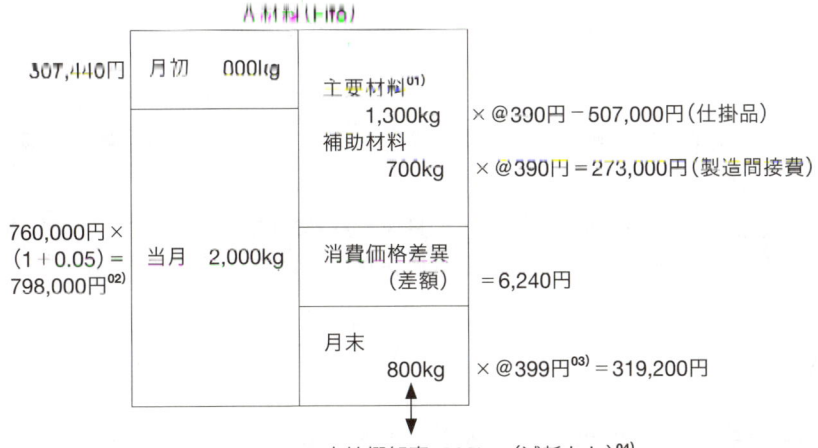

A材料(平均)

```
           月初  000kg    主要材料 01)
307,440円                 1,300kg    ×@390円 = 507,000円(仕掛品)
                         補助材料
                         700kg      ×@390円 = 273,000円(製造間接費)

760,000円×  当月 2,000kg
(1+0.05) =              消費価格差異
798,000円 02)            (差額)       = 6,240円

                         月末
                         800kg      ×@399円 03) = 319,200円
                           ↕
                    実地棚卸高 800kg (減耗なし) 04)
```

01) 主要材料費＝直接材料費→仕掛品勘定へ
    補助材料費＝間接材料費→製造間接費勘定へ
    払出高は予定価格を用います。
02) 外部副費を加えることを忘れずに。
03) 当月購入実際単位原価：$\dfrac{798,000円}{2,000kg}$＝@399円
04) 棚卸減耗の有無を確かめましょう。

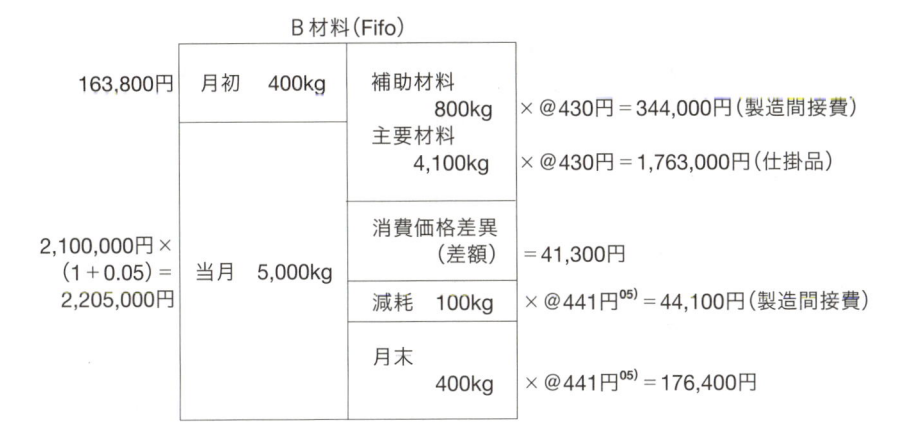

B材料(Fifo)

```
           月初  400kg    補助材料
163,800円                 800kg      ×@430円 = 344,000円(製造間接費)
                         主要材料
                         4,100kg    ×@430円 = 1,763,000円(仕掛品)

2,100,000円× 当月 5,000kg 消費価格差異
(1+0.05) =               (差額)       = 41,300円
2,205,000円
                         減耗 100kg  ×@441円 05) = 44,100円(製造間接費)

                         月末
                         400kg      ×@441円 05) = 176,400円
```

05) 当月購入実際単位原価：$\dfrac{2,205,000円}{5,000kg}$＝@441円

2．外部副費配賦差異の計算

予定配賦額：
（760,000円 + 2,100,000円）× 5％ = 143,000円

実際発生額：
28,800円 + 42,800円 + 71,800円 = 143,400円

外部副費配賦差異　　　　　　　　△400円
　　　　　　　　　　　　　　　（不利差異）

3．内部副費の計算

内部副費は、購入事務費、保管費、検収費の3つです。

23,000円 + 40,000円 + 15,000円 = 78,000円
　　　　　　　　　　　　　　　（製造間接費）

4．仕訳

(1) A材料に関する仕訳

①購入

（A　材　料）	798,000	（買　掛　金）	760,000
		（外　部　副　費）	38,000

②消費

（仕　掛　品）	507,000	（A　材　料）	780,000
（製造間接費）	273,000		

③消費価格差異の把握

（材料消費価格差異）	6,240	（A　材　料）	6,240

(2) B材料に関する仕訳

①購入

（B　材　料）	2,205,000	（買　掛　金）	2,100,000
		（外　部　副　費）	105,000

②消費

（仕　掛　品）	1,763,000	（B　材　料）	2,107,000
（製造間接費）	344,000		

③消費価格差異の把握

（材料消費価格差異）	41,300	（B　材　料）	41,300

④棚卸減耗費の振替え

（製造間接費）	44,100	（B　材　料）	44,100

(3) 外部副費配賦差異の振替

（外部副費配賦差異）	400	（外　部　副　費）	400

(4) 内部副費の振替

（製造間接費）	78,000	（内　部　副　費）	78,000

問題 05　理論問題〜材料費〜

解答

ア	○	イ	×	ウ	×	エ	×	オ	○	カ	○	キ	×

解説

ア．正しい

イ．材料輸入のさいに課せられる関税も引取費用として、購入原価に算入します。

ウ．購入原価は、購入代価に引取費用を加算した金額、もしくは購入代価に引取費用ならびに引取費用以外の材料副費の全部または一部を加算した金額で計算されます。

エ．消費価格には、必要ある場合には実際価格以外にも予定価格等を用いることができます。

オ．正しい

カ．正しい

キ．材料の購入原価も、必要ある場合には予定価格等をもって計算することができます。

Chapter 03 労務費会計

Section 02 支払賃金の会計処理

問題 01 賃金の未払い

|解答|

1．当月の賃金消費額　**170,000** [01] 円

01) 160,000円−20,000円+30,000円＝170,000円

2．各取引の仕訳

(1) 未払賃金勘定で繰り越す方法

ア．	未 払 賃 金	20,000	賃　　　　金		20,000
イ．	賃　　　金	160,000	預　り　金		15,000
			当 座 預 金		145,000
ウ．	賃　　　金	30,000	未 払 賃 金		30,000
エ．	仕　掛　品	170,000	賃　　　　金		170,000

(2) 賃金勘定で繰り越す方法

ア．	仕 訳 な し				
イ．	賃　　　金	160,000	預　り　金		15,000
			当 座 預 金		145,000
ウ．	仕 訳 な し				
エ．	仕　掛　品	170,000	賃　　　　金		170,000

Section 03 消費賃金の会計処理

問題 02 直接労務費と間接労務費

|解答|

直接労務費　**3,200,000** 円
間接労務費　**2,212,000** 円

解説

1. 労務費の範囲

労務費は個々の従業員に対して負担する点が特徴です。したがって、工員募集費、福利施設負担額、パソコン研修講師料などは個々の従業員に対して負担するものではないため、経費となります。

2. 計算過程

賃金・給料　　　■の部分を集計したものが間接労務費の解答です。

直接工
- 当月支払　?
  - 前月未払　?
  - 直接労務費　3,200,000円[01]
  - 間接労務費　752,000円[02]
- 当月未払　?
  - 賃率差異　?

間接工及び事務職員
- 当月支払　680,000円／430,000円
  - 前月未払　?
  - 間接労務費　665,000円[03]／425,000円[03]
- 当月未払　?

法定福利費[04]
- 当月支払　370,000円　　間接労務費　370,000円

（注）資料中で不明の金額は？として示しています。

- 01) @1,600円×2,000時間＝3,200,000円
- 02) @1,600円×(400時間＋70時間)＝752,000円
- 03) 間接労務費(つまり消費額)となるのは"当月要支払額"です。
- 04) 社会保険料会社負担額

問題 03　支払賃金と消費賃金

解答

問1.

	借方	金額	貸方	金額
(1)	未 払 賃 金	550,000[01]	賃　　　　金	550,000
(2)	賃　　　　金	2,700,0000	預 り 金	430,000
			現　　　　金	2,270,000
(3)	仕 掛 品	1,450,000[02]	賃　　　　金	1,935,000
	製 造 間 接 費	485,000[03]		
(4)	賃 率 差 異	45,000[04]	賃　　　　金	45,000
(5)	製 造 間 接 費	770,000[05]	賃　　　　金	770,000
(6)	賃　　　　金	600,000	未 払 賃 金	600,000[06]

01) 420,000円+130,000円=550,000円
02) 直接労務費=予定消費賃率×直接作業時間
03) 直接工の間接労務費=予定消費賃率×(間接作業時間+手待時間)
04) 賃率差異=予定消費額−実際消費額
05) 750,000円−130,000円+150,000円=770,000円
06) 450,000円+150,000円=600,000円

問2.

賃　金

諸　　　口	(2,700,000)	〔未 払 賃 金〕	(550,000)
〔未 払 賃 金〕	(600,000)	〔仕　掛　品〕	(1,450,000)
		〔製 造 間 接 費〕	(1,255,000)
		〔賃 率 差 異〕	(45,000)
	(3,300,000)		(3,300,000)

未 払 賃 金

〔賃　　　金〕	(550,000)	〔前 月 繰 越〕	(550,000)
〔次 月 繰 越〕	(600,000)	〔賃　　　金〕	(600,000)
	(1,150,000)		(1,150,000)
		〔前 月 繰 越〕	(600,000)

解説

問1.

支払賃金と消費賃金の両方の処理を問う問題です。前月未払賃金と当月未払賃金の調整によって、当原価計算期間の負担額を計算するプロセスや、(1)～(6)の手続きどおりに順序立てて考える点に注意してください。

賃　金

直接工の賃金 {	当月支払額　1,950,000円	前月未払賃金　420,000円
		当月消費額　1,935,000円[07]
	当月未払賃金　450,000円	賃率差異　45,000円[08]
間接工の賃金 {	当月支払額　750,000円	前月未払賃金　130,000円
	当月未払賃金　150,000円	当月消費額　770,000円

07) 直接労務費
　　機械工　@500円×1,400時間=700,000円 ┐
　　組立工　@600円×1,250時間=750,000円 ┤
　　間接労務費　　　　　　　　　　　　　├ 合計 1,935,000円
　　機械工　@500円×(500時間+50時間)=275,000円 ┤
　　組立工　@600円×(200時間+150時間)=210,000円 ┘
08) 賃率差異
　　1,935,000円−(1,950,000円−420,000円+450,000円)=△45,000円(不利差異)

問2．
問1の結果を(1)〜(6)の順に転記していくことによって賃金勘定を完成させます。

問題04 労務費会計の勘定連絡

|解答|

(1) 賃　　　金

((6))	(2,556,000)	((5))	(1,110,000)
((7))	(134,000)	((2))	(2,685,000)
((8))	(300,000)	((3))	(193,500)
((5))	(1,048,500)	((4))	(50,000)
	(4,038,500)		(4,038,500)

(2) 仕　掛　品

| 前月繰越 | ××× | ×××× | ××× |
| ((1)) | (2,685,000) | | |

(3) 製造間接費

| ×××× | ××× | ×××× | ××× |
| ((1)) | (193,500) | | |

(4) 賃　率　差　異

| ((1)) | (50,000) | ×××× | ××× |

(5) 未　払　賃　金

((1))	(1,110,000)	前月繰越	(1,110,000)
次月繰越	(1,048,500)	((1))	(1,048,500)
	(2,158,500)		(2,158,500)

(6) 現　　　金

| 前月繰越 | ××× | ((1)) | (2,556,000) |

(7) 預　り　金

| ×××× | ××× | 前月繰越 | ××× |
| | | ((1)) | (134,000) |

(8) 立　替　金

| 前月繰越 | ××× | ((1)) | (300,000) |
| ×××× | ××× | | |

解説

1．当月消費賃金の計算

直接作業時間：＠150円×17,900時間＝2,685,000円 … 直接労務費
間接作業時間：＠150円× 1,240時間＝ 186,000円 ┐
手 待 時 間：＠150円×   50時間＝   7,500円 ┤ 間接労務費 193,500円
　　　　　　　　　　　　　　　　　2,878,500円

または次のように求めることもできます。

定時間内作業：＠150円×（12,200時間＋6,990時間）＝2,878,500円

直接労務費
　＠150円×17,900時間＝2,685,000円
間接労務費
　2,878,500円－2,685,000円＝193,500円

2．5月末の未払賃金の計算

基本賃金：＠150円×6,990時間＝1,048,500円

3．賃率差異

賃	金
当月支払 2,990,000円	前月未払 1,110,000円
	当月消費 2,878,500円
当月未払 1,048,500円	賃率差異 50,000円

2,878,500円－（2,990,000円－1,110,000円＋1,048,500円）＝△50,000円（不利差異）

問題 05　定時間外作業手当

解答

(1) 賃　　金

（6）	(2,556,000)	（5）	(1,110,000)
（7）	(134,000)	（2）	(2,685,000)
（8）	(300,000)	（3）	(202,500)
（5）	(1,057,500)	（4）	(50,000)
	(4,047,500)		(4,047,500)

(2) 仕 掛 品

前月繰越	×××	××××	×××
（1）	(2,685,000)		

(3) 製 造 間 接 費

××××	×××	××××	×××
（1）	(202,500)		

(4) 賃 率 差 異

（1）	(50,000)	××××	×××

(5) 未 払 賃 金

（1）	(1,110,000)	前月繰越	(1,110,000)
次月繰越	(1,057,500)	（1）	(1,057,500)
	(2,167,500)		(2,167,500)

(6) 現　　金

前月繰越	×××	（1）	(2,556,000)

(7) 預 り 金

××××	×××	前月繰越	×××
		（1）	(134,000)

(8) 立 替 金

前月繰越	×××	（1）	(300,000)
××××	×××		

解説

1．当月消費賃金の計算

直接作業時間：	@150円×	17,900時間＝	2,685,000円 …直接労務費
間接作業時間：	@150円×	1,240時間＝	186,000円
手 待 時 間：	@150円×	50時間＝	7,500円
定時間外作業時間：	@150円×0.4×	150時間＝	9,000円
			2,887,500円

間接労務費 202,500円

または次のように求めることもできます。

定時間内勤務：
 @150円×（12,200時間＋6,840時間）
  ＝2,856,000円

定時間外勤務：
 @150円×1.4時間×150時間
  ＝31,500円
  2,887,500円

直接労務費
 @150円×17,900時間＝2,685,000円

間接労務費
 2,887,500円−2,685,000円＝202,500円

2．5月末の未払賃金の計算

基本賃金：@150円×（6,840時間＋150時間）
  ＝1,048,500円

定時間外作業手当：
 @150円×0.4×150時間 ＝ 9,000円
  1,057,500円

3．賃率差異

当月支払 2,990,000円	前月未払 1,110,000円
	当月消費 2,887,500円
当月未払 1,057,500円	賃率差異 50,000円

2,887,500円−（2,990,000円−1,110,000円＋1,057,500円）＝△50,000円（不利差異）

問題 06 理論問題〜労務費〜

解答

ア	イ	ウ
○	○	○

解説

ア．直接工の消費賃金について用いる分類です。

賃金 ─┬─ **直接賃金**[01]（＝消費賃率×直接作業時間）
   ├─ **間接作業賃金**（＝消費賃率×間接作業時間）
   └─ **手待賃金**（＝消費賃率×手待時間）

イ．原価計算上の賃率である消費賃率について述べたものです。

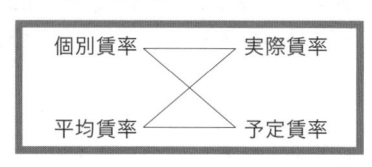

```
個別賃率 ╲╱ 実際賃率
      ╳
平均賃率 ╱╲ 予定賃率
```

具体的には、個別賃率は直接工の1人ひと

りについて定められる賃率のことですが、直接工の各人について賃率を定めるのは煩雑であり、また、同一作業に従事していても熟練工と未熟練工との間に賃率の差が生じてしまいます。また、実際賃率は月々変動し、しかも計算が遅れます。そのため、(職種別の)予定平均賃率を用いるのが合理的です。

ウ．厳密には、時間記録（直接作業時間や間接作業時間などの把握）を行い、これらに消費賃率を掛けて計算すべきですが、簡便な方法も認められています。

01) 直接賃金と直接工賃金の違いに注意してください。

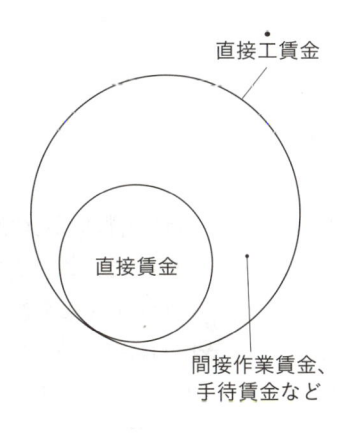

- 直接工賃金
- 直接賃金
- 間接作業賃金、手待賃金など

Chapter 04　経費会計

Section 01　経費会計の基礎知識

問題 01　理論問題〜経費〜

|解答|

| ア | × | イ | × |

|解説|

アとイの２つの文章は下線部分が誤りです。

ア．費目別計算においては、原価要素を原則として形態別分類を基礎とし、これを直接費と間接費とに大別し、さらに必要に応じて機能別分類を加味して分類する。このように分類すると、法定福利費（健康保険料分担金等）は間接経費に分類される。

★法定福利費は**間接労務費**です。福利施設負担額(間接経費)とは区別してください。

イ．材料の棚卸減耗の原因が盗難であることが判明したため、この材料の購入原価を間接経費として製品原価に算入した。

★棚卸減耗についての問題です。減耗の原因が盗難という異常な状態であるため、**非原価項目**として処理すべきです。

Section 02　外注加工賃

問題 02　外注加工賃の処理

|解答|

問１．

```
    買　掛　金              外注加工賃               仕 掛 品
        ( 15,000)   →   ( 15,000) ( 15,000)   →   ( 75,000)
                           材　　料
                           60,000  ( 60,000)
```

問２．

```
    買　掛　金              外注加工賃               部　　品
        ( 20,000)   →   ( 20,000) ( 20,000)   →   ( 80,000)
                           材　　料
                           60,000  ( 60,000)
```

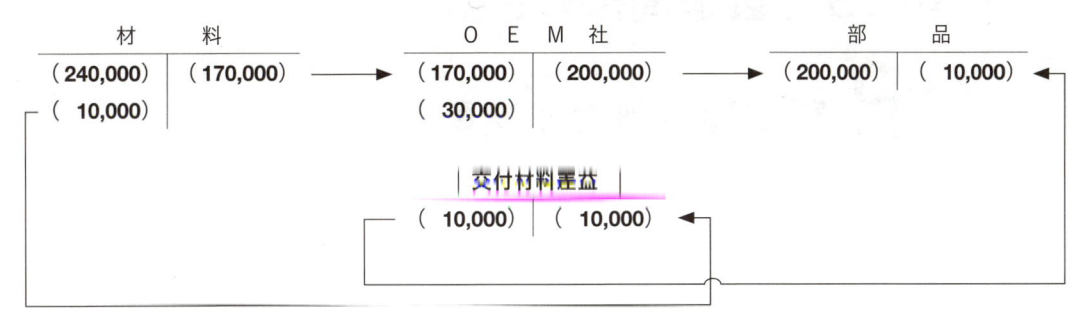

問3.

```
         材      料                  ＯＥＭ社                    部      品
（240,000）│（170,000）────→（170,000）│（200,000）────→（200,000）│（ 10,000）←──┐
（ 10,000）│                 │（ 30,000）                         │              │
     ↑                       │                                    │              │
     │                      交付材料差益                           │              │
     │                 （ 10,000）│（ 10,000）←─────────────────┘              │
     └─────────────────────────────────────────────────────────────────────────┘
```

解説

外注加工賃の処理に関する問題ですが、それぞれ次のような違いがある点に注意してください。

	無償支給	有償支給	備　考
問 1	○	－	受入後、すぐに払出し
問 2	○	－	受入後、倉庫へ入庫
問 3	－	○	－

問1．

1.（仕　掛　品）	60,000	（材　　　料）	60,000 [01]
2.（外注加工賃）	15,000 [02]	（買　掛　金）	15,000
3.（仕　掛　品）	15,000	（外注加工賃）	15,000

3．
「**直ちに製造工程に払い出された**」とあるため、外注加工賃を直接経費として処理します。よって借方は「**仕掛品**」です。

問2．

1.	仕　訳　な　し		
2.（外注加工賃）	20,000 [03]	（買　掛　金）	20,000
3.（部　　　品）	80,000	（外注加工賃）	20,000
		（材　　　料）	60,000 [01]

3．
「**部品として倉庫に搬入された**」とあるため、外注加工賃を部品原価に算入します。よって借方は「**部品**」です。

問3．

1.（材　　　料）	240,000 [04]	（現　　　金）	240,000
2.（ＯＥＭ社）	170,000 [05]	（材　　　料）	170,000
3.（部　　　品）	200,000 [06]	（ＯＥＭ社）	200,000
4.（ＯＥＭ社）	30,000 [07]	（現　　　金）	30,000
5.（材　　　料）	10,000 [08]	（交付材料差益）	10,000
（交付材料差益）	10,000	（部　　　品）	10,000

- [01] @600円×100個＝60,000円
- [02] @150円×100個＝15,000円
- [03] @200円×100個＝20,000円
- [04] @800円×300個＝240,000円
- [05] @850円×200個＝170,000円
- [06] @1,000円×200個＝200,000円
- [07] 200,000円－170,000円＝30,000円
- [08] （@850円－@800円）×200個＝10,000円

Chapter 05 製造間接費会計

Section 02 製造間接費の予定配賦

問題 01 基準操業度の選択

|解答|

製品Yへの配賦額　　　67,500 円

差異分析：

　予 算 差 異　　　5,000 円　（不利）差異
　操業度差異　　　22,500 円　（有利）差異

|解説|

1. 予定配賦率の計算

$$\frac{1,800,000 \text{円}}{12,000 \text{時間}^{01)}} = @150 \text{円}$$

2. 製品Yへの予定配賦額の計算

@150円 × 450時間 = 67,500円

3. 製造間接費配賦差異の差異分析

(1) 予算差異

$$\frac{1,800,000 \text{円}^{02)}}{12 \text{カ月}} - 155,000 \text{円}$$
$$= \triangle 5,000 \text{円（不利）}$$

(2) 操業度差異

$$@150 \text{円} \times \left(1,150 \text{時間}^{03)} - \frac{12,000 \text{時間}}{12 \text{カ月}}\right)$$
$$= 22,500 \text{円（有利）}$$

01) 本問では、期待実際操業度を基準操業度としています。期待実際操業度は、次の1年間に予想される製品販売量を基礎として計算された操業水準のことです。
　　資料2-(1)は実際的生産能力（あるいは理論的生産能力）を求めるための資料、2-(2)は平均操業度です。
02) 固定予算を採用しているので年間予算額を単純に1/12とします。
03) 製品Xに対する当月機械時間（700時間）と製品Yに対する当月機械時間（450時間）の合計です。

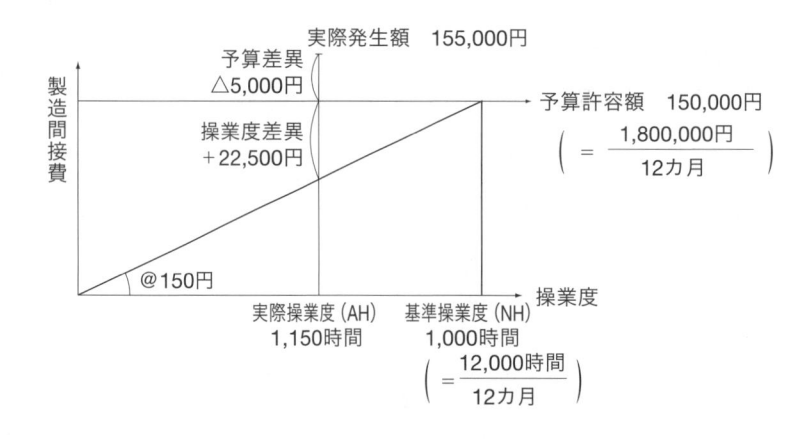

製造間接費

実際発生額　155,000円

予算差異　△5,000円

操業度差異　+22,500円

予算許容額　150,000円　$\left(= \dfrac{1,800,000\text{円}}{12\text{カ月}}\right)$

@150円

実際操業度（AH）1,150時間

基準操業度（NH）1,000時間　$\left(= \dfrac{12,000\text{時間}}{12\text{カ月}}\right)$

操業度

問題 02 固定予算と変動予算

|解答|

① 予　算　差　異　　（－）　　 3,000円
　 操 業 度 差 異　　（－）　 24,500円
　 総　差　異[01]　　（－）　 27,500円
② 予　算　差　異　　（＋）　 25,000円
　 操 業 度 差 異　　（－）　 52,500円
　 総　差　異[01]　　（－）　 27,500円

01) ①、②のどちらの方法によっても総差異の金額は同じになります。差異の内訳のみが変わることに注意してください。

|解説|

Ⅰ．公式法変動予算における差異分析[02]

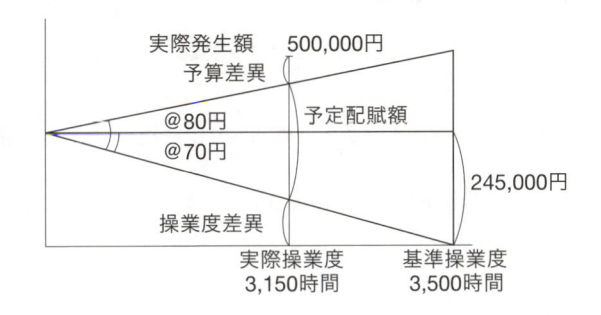

```
                実際発生額 500,000円
          予算差異
              @80円      予定配賦額
              @70円
                                      245,000円
          操業度差異
                    実際操業度   基準操業度
                    3,150時間   3,500時間
```

固定費率：

$$\frac{245,000円}{3,500時間} = @70円$$

予定配賦額：

　（@80円＋@70円）×3,150時間＝472,500円

総　差　異：

　$\underline{472,500円}_{予定配賦額} - \underline{500,000円}_{実際発生額} = △27,500円（不利差異）$

予 算 差 異[03]：

　$\underline{@80円 \times 3,150時間 + 245,000円}_{予算許容額} - 500,000円$

　＝△3,000円（不利差異）

操業度差異[04]：

　$\underline{@70円}_{固定比率} \times (3,150時間 - 3,500時間)$

　＝△24,500円（不利差異）

02) 差異分析はそれぞれ解説のような図を書くと求めやすくなります。
03) 予算差異＝予算許容額－実際発生額
04) 操業度差異＝固定費率×（実際操業度－基準操業度）

2. 固定予算における差異分析

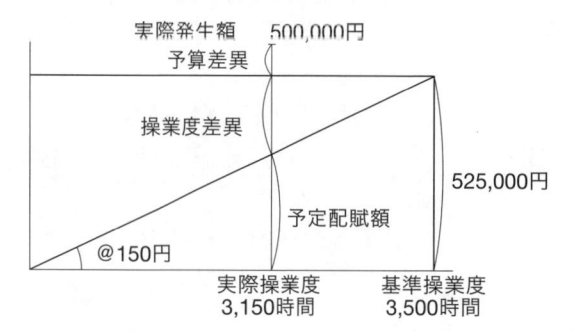

実際発生額 500,000円
予算差異
操業度差異
525,000円
予定配賦額
@150円
実際操業度 3,150時間
基準操業度 3,500時間

予定配賦率：

$$\frac{525,000円}{3,500時間} = @150円$$

予定配賦額：

@150円 × 3,150時間 = 472,500円

総差異[05]：

472,500円 − 500,000円 = △27,500円（不利差異）

予算差異[05]：

$$\underbrace{525,000円}_{予算許容額} - 500,000円$$

= ＋25,000円（有利差異）

操業度差異[06]：

$$\underbrace{@150円}_{予定配賦率} \times (3,150時間 − 3,500時間)$$

= △52,500円（不利差異）

05) 総差異と予算差異については公式法変動予算と計算式は同じです。ただし、予算許容額の金額は異なります。
06) 操業度差異＝予定配賦率×(実際操業度−基準操業度)

問題 03 製造間接費の予定配賦と配賦差異

解答

製造間接費

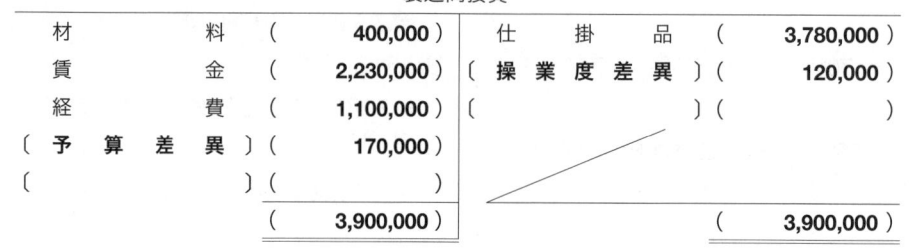

材　　　料	(400,000)	仕　掛　品	(3,780,000)
賃　　　金	(2,230,000)	〔操 業 度 差 異〕	(120,000)
経　　　費	(1,100,000)	〔　　　　　　〕	(　　　　　　)
〔予 算 差 異〕	(170,000)		
〔　　　　　〕	(　　　　　　)		
	(3,900,000)		(3,900,000)

予算差異

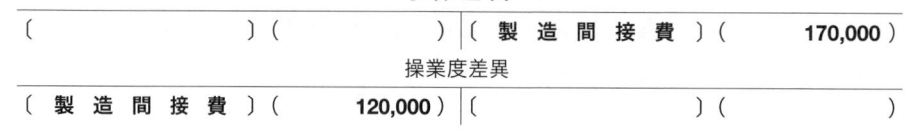

〔　　　　　〕	(　　　　　　)	〔製 造 間 接 費〕	(170,000)

操業度差異

〔製 造 間 接 費〕	(120,000)	〔　　　　　〕	(　　　　　　)

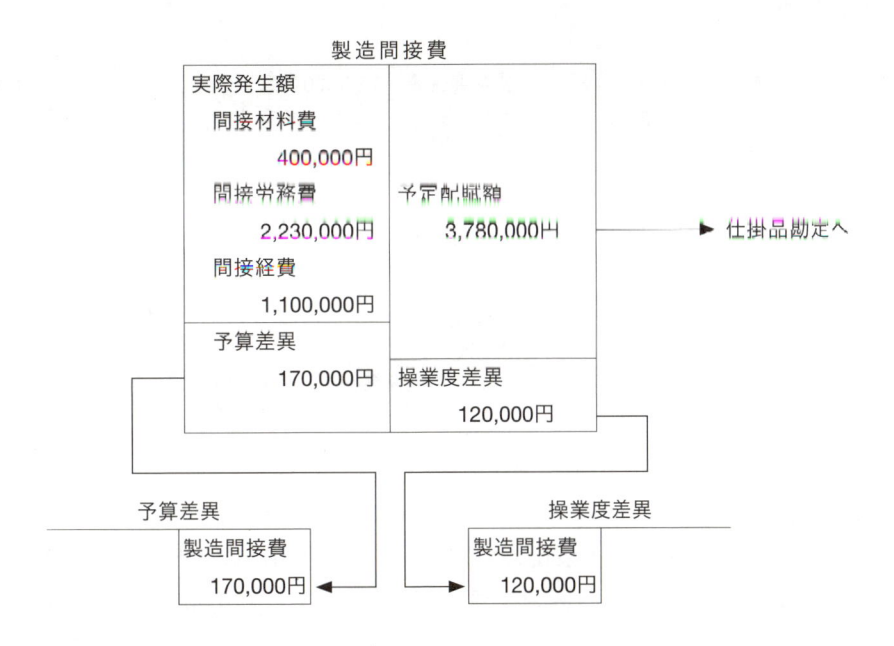

解説

```
                     製 造 間 接 費
┌─────────────────────┬─────────────────────┐
│ 実際発生額          │                     │
│   間接材料費        │                     │
│       400,000円     │ 予定配賦額          │
│   間接労務費        │  3,780,000円        │──▶ 仕掛品勘定へ
│     2,230,000円     │                     │
│   間接経費          │                     │
│     1,100,000円     │                     │
├─────────────────────┼─────────────────────┤
│ 予算差異            │ 操業度差異          │
│       170,000円     │       120,000円     │
└──────┬──────────────┴──────┬──────────────┘
       │                     │
       ▼                     ▼
   予算差異              操業度差異
┌─────────────┐      ┌─────────────┐
│ 製造間接費  │      │ 製造間接費  │
│   170,000円 │      │   120,000円 │
└─────────────┘      └─────────────┘
```

1. 予定配賦率の計算

$$予定配賦率 = \frac{47,880,000 円}{22,800 時間} = @2,100 円$$

2. 予定配賦額の計算

予定配賦額：

@2,100円 × 1,800時間 = 3,780,000円

3. 実際発生額の集計

間接材料費：

@200円 × 2,000kg = 400,000円

間接労務費：

直接工の間接労務費

@1,300円 × (520時間 + 80時間)

= 780,000円

間接工賃金

1,400,000円 − 450,000円 + 500,000円

= 1,450,000円

合計　2,230,000円

間接経費：

$$13,200,000 円 \times \frac{1 カ月}{12 カ月} = 1,100,000 円$$

実際発生額合計：

400,000円 + 2,230,000円 + 1,100,000円

= 3,730,000円

4．差異分析

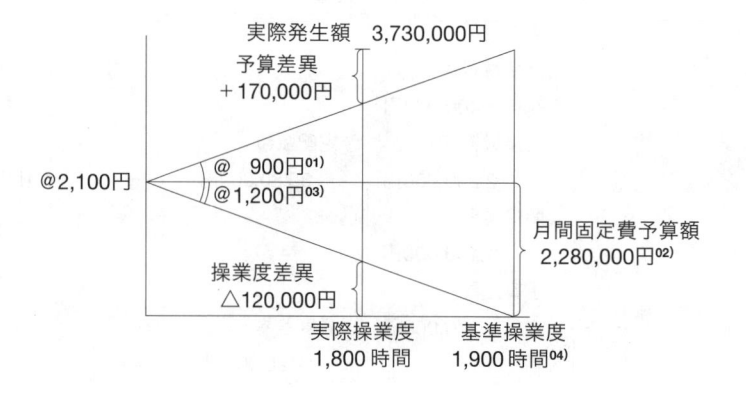

```
                    実際発生額　3,730,000円
              予算差異
              +170,000円
                    @  900円 01)
  @2,100円     @1,200円 03)
                                        月間固定費予算額
                                        2,280,000円 02)
              操業度差異
              △120,000円
                    実際操業度    基準操業度
                    1,800時間     1,900時間 04)
```

予算差異：
（@900円 01) ×1,800時間＋2,280,000円 02)）
－3,730,000円＝170,000円（有利差異）

操業度差異：
@1,200円 03) ×（1,800時間－1,900時間 04)）
＝△120,000円（不利差異）

01) 変動費率

$$\frac{47,880,000円-27,360,000円}{22,800時間} = @900円$$

02) 月間固定費予算額

$$27,360,000円 \times \frac{1ヵ月}{12ヵ月} = 2,280,000円$$

03) 固定費率

$$\frac{27,360,000円}{22,800時間} = @1,200円$$

04) 基準操業度（月間）

$$22,800時間 \times \frac{1ヵ月}{12ヵ月} = 1,900時間$$

問題 04 損益計算書の作成

|解答|

```
            製 造 間 接 費
間 接 材 料 費 (   350 ) | 仕  掛  品  ( 1,850 )
間 接 労 務 費 (   570 ) | 原 価 差 異  (    30 )
間 接 経 費   (   960 ) |
             ( 1,880 ) |              ( 1,880 )
```

```
               仕  掛  品
期 首 有 高 (   100 ) | 製      品  ( 6,690 )
直 接 材 料 費 ( 3,500 ) | 異 常 仕 損 費 ( 1,000 )
直 接 労 務 費 ( 2,200 ) | 期 末 有 高  (   110 )
直 接 経 費   (   150 ) |
製 造 間 接 費 ( 1,850 ) |
             ( 7,800 ) |              ( 7,800 )
```

損益計算書

売　上　高		10,500
売　上　原　価		(6,820)
売　上　総　利　益		(3,680)
販　売　費	(200)	
一　般　管　理　費	(200)	
販売費・一般管理費計		(400)
営　業　利　益		(3,280)
営　業　外　収　益		(40)
営　業　外　費　用		(100)
経　常　利　益		(3,220)
特　別　利　益		(0)
特　別　損　失		(1,000)
税引前当期純利益		(2,220)

解説

本問は、費目別計算を中心とした問題です。

1. 費目の分類

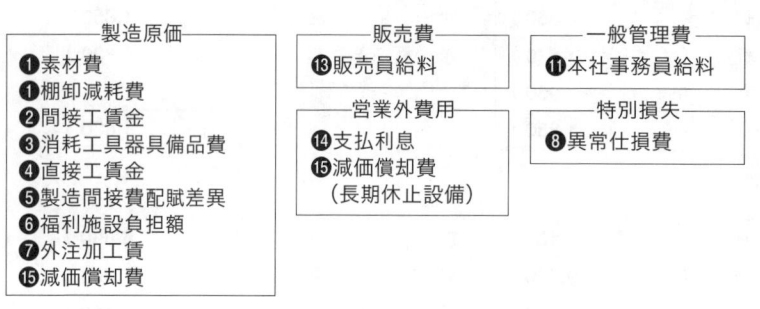

資料1～17（以下では❶～⓱で示します）のうちの各費目を大別すると次のようになります。

```
─製造原価──────────        ─販売費──────       ─一般管理費────
❶素材費                    ⓭販売員給料          ⓫本社事務員給料
❶棚卸減耗費
❷間接工賃金                ─営業外費用───       ─特別損失────
❸消耗工具器具備品費         ⓮支払利息           ❽異常仕損費
❹直接工賃金                ⓯減価償却費
❺製造間接費配賦差異         （長期休止設備）
❻福利施設負担額
❼外注加工賃
⓯減価償却費
```

上記の❽⓮⓯と⓰は非原価項目です。

2. 勘定連絡図

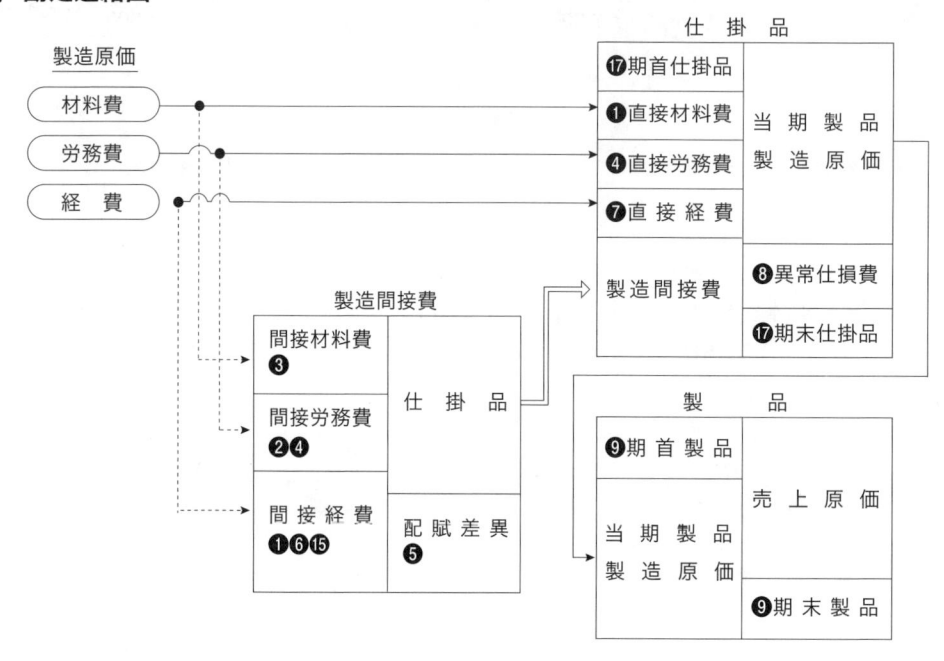

（図：製造原価→材料費・労務費・経費→仕掛品・製造間接費→製品→売上原価）

(1) 製造間接費

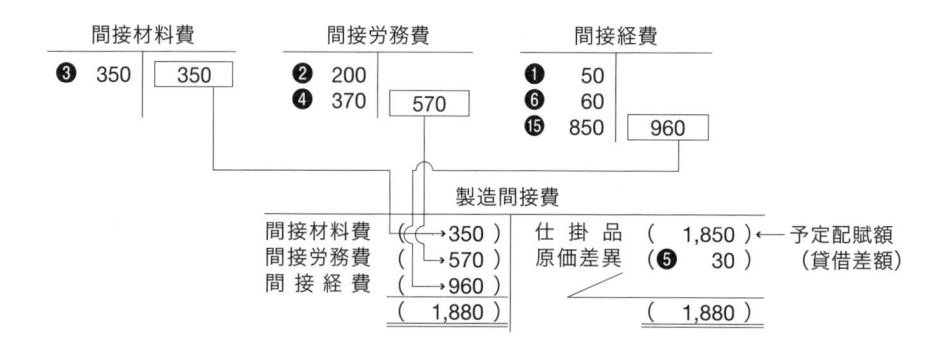

```
    間接材料費            間接労務費              間接経費
❸   350  │ 350       ❷  200  │              ❶   50  │
                      ❹  370  │  570         ❻   60  │
                                              ⓯  850  │  960
```

```
              製造間接費
間接材料費  (→ 350 )   仕 掛 品  ( 1,850 ) ← 予定配賦額
間接労務費  (→ 570 )   原価差異  (❺  30 )   （貸借差額）
間接経費    (→ 960 )
            ( 1,880 )              ( 1,880 )
```

❸当期買入高
❷当期要支払高
❹直接工間接作業賃金300万円+手待賃金50万円+定時間外作業割増賃金20万円
❶正常な棚卸減耗費
❻福利施設負担額
⑮長期休止設備の減価償却費を除いた額
❺製造間接配賦差異＝予定配賦額－実際発生額
　よって、製造間接費勘定の貸借差額により、予定配賦額を求めることができます。

(2) **仕掛品**

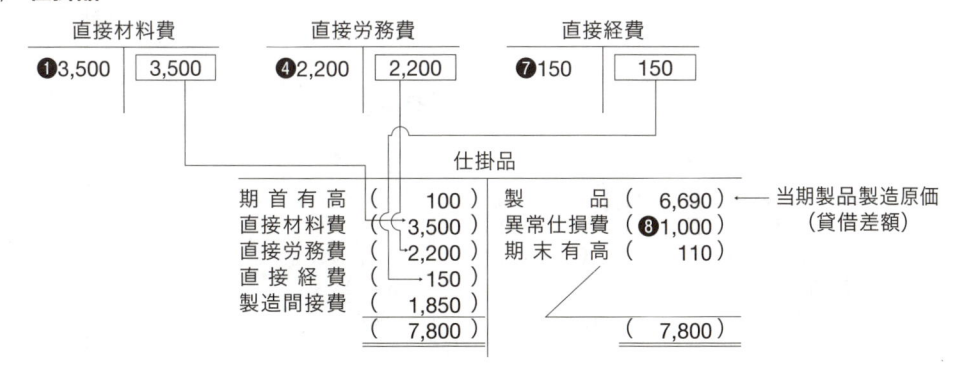

```
    直接材料費          直接労務費          直接経費
❶3,500 │ 3,500      ❹2,200 │ 2,200      ❼150 │ 150
```

仕掛品

期 首 有 高	(100)	製　　　　品	(6,690)	←当期製品製造原価
直接材料費	(3,500)	異常仕損費	(❽1,000)	（貸借差額）
直接労務費	(2,200)	期 末 有 高	(110)	
直 接 経 費	(150)			
製造間接費	(1,850)			
	(7,800)		(7,800)	

❶期首＋(購入代価＋引取費用)－期末帳簿
　　　　　取得原価
❹直接工直接作業賃金
❼外注加工賃

(3) **製　品**

製　品

期 首 有 高	❾ 800	売 上 原 価	6,660	←貸借差額
当期製品製造原価	6,690	期 末 有 高	❾ 830	
	7,490		7,490	

3．損益計算書の作成

次に、営業所および本社に関するものを、損益計算書の各項目にあてはめて集計します。

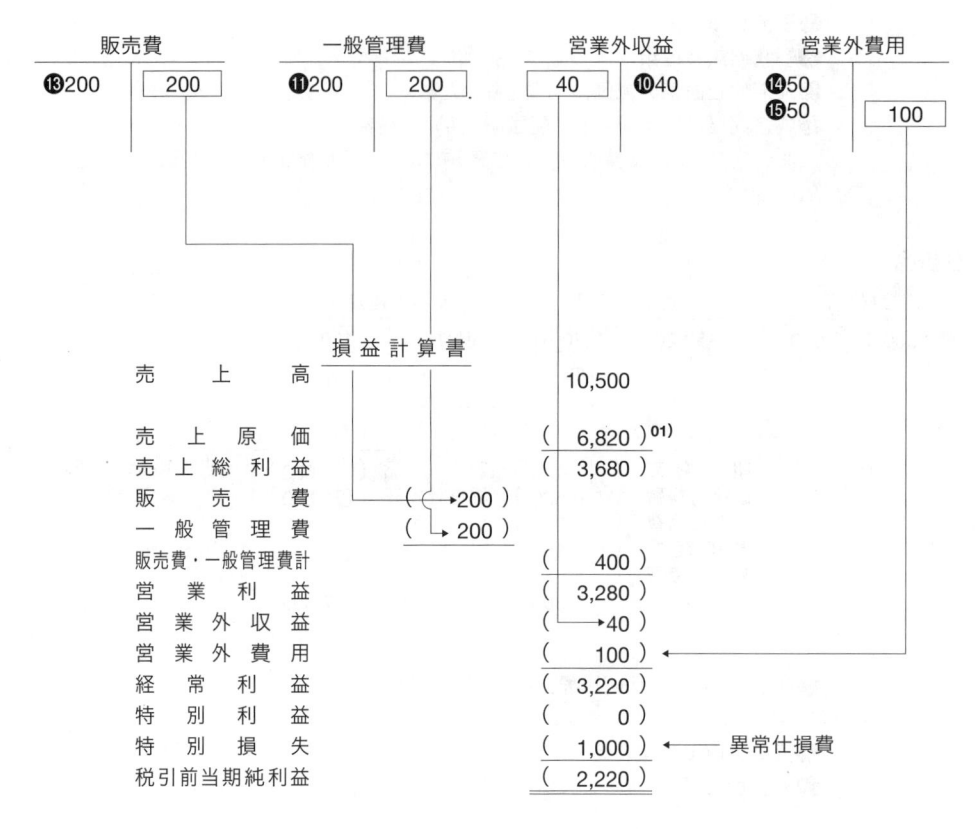

```
    販売費           一般管理費         営業外収益        営業外費用
❸200 │ 200       ⓫200 │ 200          40 │ ❿40       ⓮50 │
      │                │                 │                ⓯50 │ 100
      │                │                 │
      │                │                 │
      │    損益計算書   │                 │
      │                │                 │
   売   上   高              10,500
   売  上  原  価        (   6,820 )01)
   売 上 総 利 益        (   3,680 )
   販   売   費         (    200 )
   一 般 管 理 費        (    200 )
   販売費・一般管理費計    (    400 )
   営  業  利  益        (   3,280 )
   営 業 外 収 益        (     40 )
   営 業 外 費 用        (    100 )
   経  常  利  益        (   3,220 )
   特  別  利  益        (      0 )
   特  別  損  失        (   1,000 ) ← 異常仕損費
   税引前当期純利益       (   2,220 )
```

01) 6,660万円（製品勘定より）＋製造間接費配賦差異30万円＋賃率差異130万円02)
    ＝6,820万円
    不利差異は売上原価に加算します。

02) 賃率差異は予定平均賃率を用いている直接工消費賃金のみから生じます。
    賃率差異：直接工の予定消費額−直接工の実際消費額
    予定：直接労務費＋直接工の間接労務費
    実際：当期賃金支給総額−前期未払高＋当期未払高
    予定：2,200万円＋300万円＋50万円＋20万円＝ 2,570万円
    実際：2,500万円−500万円＋700万円   ＝ 2,700万円
                                        △ 130万円 （不利差異）

❸販売員給料
⓫本社事務員給料
❿受取利息
⓮支払利息
⓯長期休止設備の減価償却費

問題 05 理論問題〜製造間接費〜

|解答|

ア	イ	ウ	エ	オ
×	○	○	×	×

|解説|

ア．実際原価計算制度と標準原価計算制度のそれぞれにおいて把握される差異の異同に注意してください。

　実際原価計算制度において生ずる主要な原価差異としては、材料副費配賦差異、材料消費価格差異、賃率差異、製造間接費予算差異、操業度差異があります。

　材料数量差異、**作業時間差異**、**能率差異**は、標準原価計算制度の中でのみ把握される差異です。

イ．実際配賦率を用いると（a）配賦率が月々変動する、（b）計算が遅れるという2つのデメリットがあることから、原則として**予定配賦率**を用います。

ウ．実際原価計算において生じた差額は、正常な発生額で、合理的に僅少である場合、**売上原価**に賦課します。

エ．この文章は**実際的生産能力**[01]の説明として妥当なものです。

オ．この文章は**期待実際操業度**[02]の説明として妥当なものです。

01) 問題文中の"実現可能な最大操業水準"という言葉に注意します。
02) 問題文中の"次の1年間に予想される製品販売量"という言葉に注意します。

Chapter 06 製造間接費の部門別計算(1)

Section 01 部門別計算～第1次集計と第2次集計～

問題 01 直接配賦法

解答

補助部門費配賦表

摘要	合計	製造部門		補助部門		
		切削部	仕上部	動力部	修繕部	事務部
部門費	3,350,000	1,500,000	1,200,000	300,000	200,000	150,000
動力部費		150,000	150,000			
修繕部費		120,000	80,000			
事務部費		90,000	60,000			
製造部門費	3,350,000	1,860,000	1,490,000			

切削部

製造間接費	1,500,000	仕掛品	(1,860,000)
動力部	(150,000)		
修繕部	(120,000)		
事務部	(90,000)		
	(1,860,000)		(1,860,000)

組立部

製造間接費	1,200,000	仕掛品	(1,490,000)
動力部	(150,000)		
修繕部	(80,000)		
事務部	(60,000)		
	(1,490,000)		(1,490,000)

動力部

製造間接費	300,000	切削部	(150,000)
		組立部	(150,000)
	300,000		(300,000)

修繕部

製造間接費	200,000	切削部	(120,000)
		組立部	(80,000)
	200,000		(200,000)

事務部

製造間接費	150,000	切削部	(90,000)
		組立部	(60,000)
	150,000		(150,000)

解説

直接配賦法は、補助部門間の用役授受を無視する方法です。

1. 動力部費の配賦計算

$$\frac{300,000 円}{800kWh} \times 400kWh = 150,000 円$$

→切削部門へ

$$\frac{300,000 円}{800kWh} \times 400kWh = 150,000 円$$

→組立部門へ

2. 修繕部費の配賦計算

$$\frac{200,000 円}{250 時間} \times 150 時間 = 120,000 円$$

→切削部門へ

$$\frac{200,000 円}{250 時間} \times 100 時間 = 80,000 円$$

→組立部門へ

3. 事務部費の配賦計算

$$\frac{150,000 円}{50 人} \times 30 人 = 90,000 円$$

→切削部門へ

$$\frac{150,000 円}{50 人} \times 20 人 = 60,000 円$$

→組立部門へ

勘定連絡図

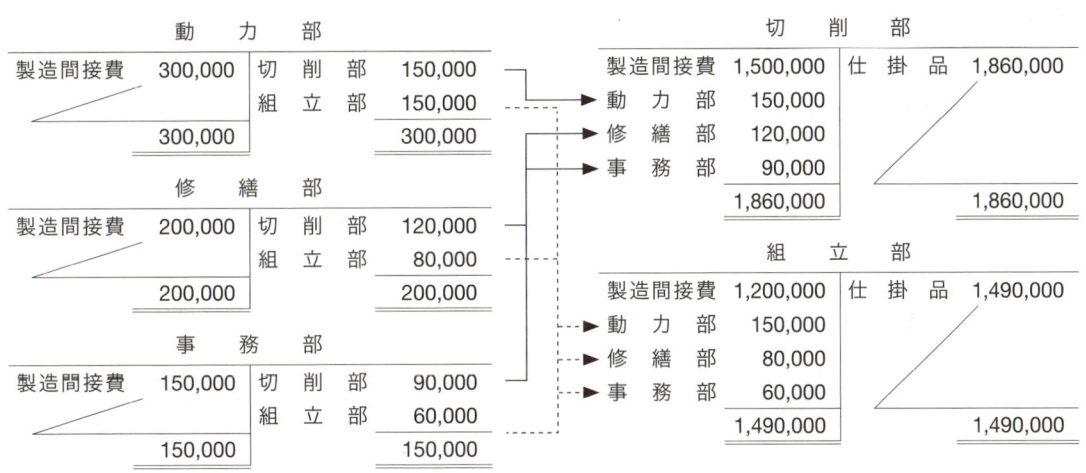

動 力 部			
製造間接費	300,000	切 削 部	150,000
		組 立 部	150,000
	300,000		300,000

修 繕 部			
製造間接費	200,000	切 削 部	120,000
		組 立 部	80,000
	200,000		200,000

事 務 部			
製造間接費	150,000	切 削 部	90,000
		組 立 部	60,000
	150,000		150,000

切 削 部			
製造間接費	1,500,000	仕 掛 品	1,860,000
動 力 部	150,000		
修 繕 部	120,000		
事 務 部	90,000		
	1,860,000		1,860,000

組 立 部			
製造間接費	1,200,000	仕 掛 品	1,490,000
動 力 部	150,000		
修 繕 部	80,000		
事 務 部	60,000		
	1,490,000		1,490,000

問題 02 相互配賦法（簡便法）

|解答|

補助部門費配賦表

摘要	合計	製造部門		補助部門		
		機械部	組立部	材料部	保全部	事務部
部門費	2,900,000	1,000,000	700,000	600,000	400,000	200,000
第1次配賦						
材料部費		200,000	280,000	－	120,000	－
保全部費		200,000	150,000	50,000	－	－
事務部費		40,000	100,000	40,000	20,000	
第2次配賦				90,000	140,000	－
材料部費		37,500	52,500			
保全部費		80,000	60,000			
製造部門費	2,900,000	1,557,500	1,342,500			

|解説|

簡便法としての相互配賦法とは、第1次配賦では、補助部門相互の配賦を行い、第2次配賦では直接配賦法と同様に配賦を行う方法です。

I. 第1次配賦

①材料部

$$\frac{600,000 円}{1,500 kg} \times 500 kg = 200,000 円$$
→機械部へ

$$\frac{600,000 円}{1,500 kg} \times 700 kg = 280,000 円$$
→組立部へ

$$\frac{600,000 円}{1,500 kg} \times 300 kg = 120,000 円$$
→保全部へ

②保全部

$$\frac{400,000 円}{400 時間} \times 200 時間 = 200,000 円$$
→機械部へ

$$\frac{400,000 円}{400 時間} \times 150 時間 = 150,000 円$$
→組立部へ

$$\frac{400,000 円}{400 時間} \times 50 時間 = 50,000 円$$
→材料部へ

③事務部

$$\frac{200,000円}{100人} \times 20人 = 40,000円$$

→機械部へ

$$\frac{200,000円}{100人} \times 50人 = 100,000円$$

→組立部へ

$$\frac{200,000円}{100人} \times 20人 = 40,000円$$

→材料部へ

$$\frac{200,000円}{100人} \times 10人 = 20,000円$$

→保全部へ

2．第2次配賦

①材料部

$$\frac{90,000円}{1,200kg^{01)}} \times 500kg = 37,500円$$

→機械部へ

$$\frac{90,000円}{1,200kg^{01)}} \times 700kg = 52,500円$$

→組立部へ

②保全部

$$\frac{140,000円}{350時間^{02)}} \times 200時間 = 80,000円$$

→機械部へ

$$\frac{140,000円}{350時間^{02)}} \times 150時間 = 60,000円$$

→組立部へ

01) 保全部に対する300kgの用役提供を無視します。
02) 材料部に対する50時間の用役提供を無視します。

問題 03 階梯式配賦法～補助部門の順位付け～

|解答|

問1．(1) 加工部門への補助部門費配賦額　　1,328　万円
　　　(2) 組立部門への補助部門費配賦額　　1,672　万円
問2．(1) 加工部門への補助部門費配賦額　　1,395　万円
　　　(2) 組立部門への補助部門費配賦額　　1,605　万円

|解説|

問1．第1次集計費(＝部門費)を比較

動力部門と修繕部門の第1次集計費の大小によって順位付けします。

動力部門　1,600万円　…　大
修繕部門　1,400万円　…　小

よって、動力部門の優先順位を高くします。

摘　　要	加工部門	組立部門	修繕部門	動力部門
部　門　費			1,400	1,600
動　力　部　門	640	640	320	
修　繕　部　門	688	1,032	1,720	
合　　　計	1,328	1,672		

動力部門費の配賦：
　1,600万円×40％＝640万円
　1,600万円×40％＝640万円
　1,600万円×20％＝320万円

修繕部門費の配賦：
　$1,720万円 \times \dfrac{30\%}{30\% + 45\%} = 688万円$

　$1,720万円 \times \dfrac{45\%}{30\% + 45\%} = 1,032万円$

問２．用役提供額を比較

動力部門と修繕部門、それぞれの他の補助部門への用役提供額の大小によって順位付けします。

　動力部門から修繕部門：
　　1,600万円×20％＝320万円　…　小
　修繕部門から動力部門：
　　1,400万円×25％＝350万円　…　大

よって、修繕部門の優先順位を高くします。

摘　　要	加工部門	組立部門	動力部門	修繕部門
部　門　費			1,600	1,400
修　繕　部　門	420	630	350	
動　力　部　門	975	975	1,950	
合　　計	1,395	1,605		

修繕部門費の配賦：
　1,400万円×30％＝420万円
　1,400万円×45％＝630万円
　1,400万円×25％＝350万円

動力部門費の配賦：
　$1,950万円 \times \dfrac{40\%}{40\% + 40\%} = 975万円$

　$1,950万円 \times \dfrac{40\%}{40\% + 40\%} = 975万円$

問題 04 階梯式配賦法〜勘定記入〜

|解答|

補助部門費配賦表

摘要	合計	製造部門 切削部	製造部門 仕上部	補助部門 (修繕)部	補助部門 (動力)部	補助部門 (事務)部
部門個別費	1,585,000	600,000	500,000	150,000	200,000	135,000
部門共通費	1,350,000	350,000	447,500	220,000	255,000	77,500
部門費合計	2,935,000	950,000	947,500	370,000	455,000	212,500
事務部門費		62,500	56,250	43,750	50,000	212,500
動力部門費		151,500	227,250	126,250	505,000	
修繕部門費		216,000	324,000	540,000		
製造部門費	2,935,000	1,380,000	1,555,000			

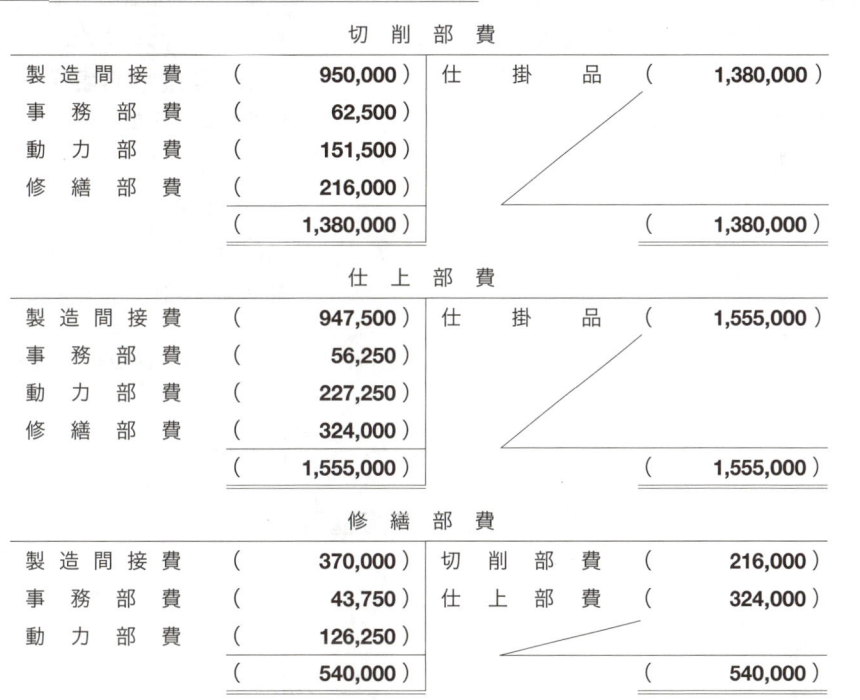

切　削　部　費

製造間接費	(	950,000)	仕　掛　品	(	1,380,000)
事　務　部　費	(	62,500)			
動　力　部　費	(	151,500)			
修　繕　部　費	(	216,000)			
	(	1,380,000)		(	1,380,000)

仕　上　部　費

製造間接費	(	947,500)	仕　掛　品	(	1,555,000)
事　務　部　費	(	56,250)			
動　力　部　費	(	227,250)			
修　繕　部　費	(	324,000)			
	(	1,555,000)		(	1,555,000)

修　繕　部　費

製造間接費	(	370,000)	切　削　部　費	(	216,000)
事　務　部　費	(	43,750)	仕　上　部　費	(	324,000)
動　力　部　費	(	126,250)			
	(	540,000)		(	540,000)

	動力部費		
製造間接費 (455,000)	切削部費	(	151,500)
事務部費 (50,000)	仕上部費	(	227,250)
	修繕部費	(	126,250)
(505,000)		(	505,000)

	事務部費		
製造間接費 (212,500)	切削部費	(	62,500)
	仕上部費	(	56,250)
	修繕部費	(	43,750)
	動力部費	(	50,000)
(212,500)		(	212,500)

解説

1. 補助部門の順位付け

① 他の補助部門に対する用役提供先数が多い部門ほど優先順位を高くします。

　動力部→修繕部…1件
　修繕部→動力部…1件
　事務部→動力部、修繕部…2件
　∴第1位　事務部

② ①の提供先数が同数の補助部門について、第1次集計額が多い[01]部門ほど優先順位を高くします。

　動力部の第1次集計額→455,000円
　修繕部の第1次集計額→370,000円
　∴第2位　動力部
　　第3位　修繕部

補助部門費配賦表の右から優先順位の高い補助部門を記入します。

[01] 仮に、他の補助部門への用役提供額が多い部門の優先順位を高くする方法によったとしても、結果は同じです。

動力部から修繕部：$455,000円 \times \dfrac{1000kWh}{4000kWh} = 113,750円$

修繕部から動力部：$370,000円 \times \dfrac{125時間}{625時間} = 74,000円$

∴第2位：動力部、第3位：修繕部

2. 補助部門費の配賦

(1) **事務部費**

$\dfrac{212,500円}{50人 + 45人 + 35人 + 40人} = @1,250円$

　切削部へ　@1,250円 × 50人 = 62,500円
　仕上部へ　@1,250円 × 45人 = 56,250円
　修繕部へ　@1,250円 × 35人 = 43,750円
　動力部へ　@1,250円 × 40人 = 50,000円

(2) **動力部費**

$\dfrac{455,000円 + 50,000円}{1,200kWh + 1,800kWh + 1,000kWh} = @126.25円$

　切削部へ　@126.25円 × 1,200kWh = 151,500円
　仕上部へ　@126.25円 × 1,800kWh = 227,250円
　修繕部へ　@126.25円 × 1,000kWh = 126,250円

(3) **修繕部費**

$\dfrac{370,000円 + 43,750円 + 126,250円}{200時間 + 300時間} = @1,080円$

　切削部へ　@1,080円 × 200時間 = 216,000円
　仕上部へ　@1,080円 × 300時間 = 324,000円

問題 05 理論問題〜原価の部門別計算〜

|解答|

| ア | 第二次 | イ | 製造部門 | ウ | 補助部門 | エ | 工場管理 |

|解説|

原価計算における第一次の計算段階：
　　　　原価の費目別計算

原価計算における第二次の計算段階：
　　　　原価の部門別計算

原価計算における第三次の計算段階：
　　　　原価の製品別計算

Section 02 製造間接費の部門別予定配賦

問題 06 製造部門別予定配賦（補助部門費・直接配賦法）

|解答|

問1．

予算部門費配賦表

費　目	製造部門		補助部門	
	切削部	仕上部	動力部	事務部
部　門　費	269,000	211,000	80,000	19,000
動 力 部 費	36,000	44,000		
事 務 部 費	10,000	9,000		
製 造 部 門 費	315,000	264,000		

予定配賦率

　切削部　　630　円／時間
　仕上部　　330　円／時間

問2．

実際部門費配賦表

費　目	製造部門		補助部門	
	切削部	仕上部	動力部	事務部
部　門　費	276,400	208,600	80,750	19,000
動 力 部 費	35,700	45,050		
事 務 部 費	10,000	9,000		
製 造 部 門 費	322,100	262,650		

製造間接費の部門別計算(I) | Chapter 06

問3．

切削部費

部　門　費	276,400	予定配賦額	(302,400)
動力部費	(35,700)	予算差異	(11,700)
事務部費	(10,000)	操業度差異	(8,000)

仕上部費

部　門　費	208,600	予定配賦額	(267,300)
動力部費	(45,050)		
事務部費	(9,000)		
予算差異	(3,150)		
操業度差異	(1,500)		

動力部費

部　門　費	80,750	切削部費	(35,700)
		仕上部費	(45,050)

事務部費

部　門　費	19,000	切削部費	(10,000)
		仕上部費	(9,000)

解説

問1．予算部門費配賦表

1．補助部門費の配賦

動力部：

80,000円 ÷ (450kWh + 550kWh) = @80円

切削部への配賦額：

@80円 × 450kWh = 36,000円

仕上部への配賦額：

@80円 × 550kWh = 44,000円

事務部：

19,000円 ÷ (100人 + 90人) = @100円

切削部への配賦額：

@100円 × 100人 = 10,000円

仕上部への配賦額：

@100円 × 90人 = 9,000円

2．製造部門費予算

切削部：

269,000円 + 36,000円 + 10,000円

= 315,000円

仕上部：

211,000円 + 44,000円 + 9,000円

= 264,000円

3．部門別予定配賦率

切削部：315,000円 ÷ 500時間 = @630円

仕上部：264,000円 ÷ 800時間 = @330円

問2．実際部門費配賦表

1．補助部門費の配賦

動力部：

80,750円 ÷ (420kWh + 530kWh) = @85円（実際配賦率）

切削部への配賦額：

@85円 × 420kWh = 35,700円

仕上部への配賦額：

@85円 × 530kWh = 45,050円

事務部：

19,000円 ÷ (100人 + 90人) = @100円（実際配賦率）

切削部への配賦額：

@100円 × 100人 = 10,000円

仕上部への配賦額：

@100円 × 90人 = 9,000円

2．製造部門費実際発生額

切削部：

276,400円 + 35,700円 + 10,000円

= 322,100円

仕上部：

208,600円 + 45,050円 + 9,000円

= 262,650円

問3．勘定記入および差異分析

1．予定配賦額
切削部：@630円×480時間＝302,400円
仕上部：@330円×810時間＝267,300円

2．差異分析
(1) 固定費率
切削部：@630円－@230円＝@400円
仕上部：@330円－@180円＝@150円

(2) 固定費予算
切削部：@400円×500時間＝200,000円
仕上部：@150円×800時間＝120,000円

(3) 各製造部門費配賦差異
切削部：
　予算差異：
　　（@230円×480時間＋200,000円）
　　－322,100円＝△11,700円（不利差異）
　操業度差異：
　　@100円×（480時間－500時間）
　　＝△8,000円（不利差異）
仕上部：
　予算差異：
　　（@180円×810時間＋120,000円）
　　－262,650円＝＋3,150円（有利差異）
　操業度差異：
　　@150円×（810時間－800時間）
　　＝＋1,500円（有利差異）

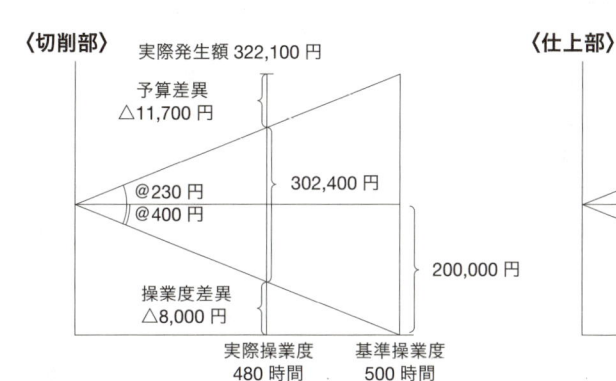

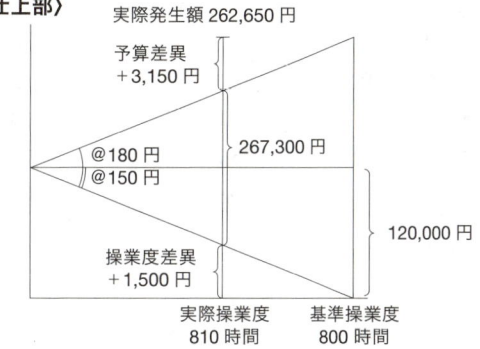

〈切削部〉 実際発生額 322,100円

予算差異 △11,700円
@230円　　302,400円
@400円
　　　　　200,000円
操業度差異 △8,000円
実際操業度 480時間　基準操業度 500時間

〈仕上部〉 実際発生額 262,650円

予算差異 ＋3,150円
@180円　　267,300円
@150円
　　　　　120,000円
操業度差異 ＋1,500円
実際操業度 810時間　基準操業度 800時間

問題 07 製造部門別予定配賦（補助部門費・階梯式配賦法）

|解答|

問1.

予算部門費配賦表

費目	製造部門 切削部	製造部門 仕上部	補助部門 動力部	補助部門 事務部
部 門 費	84,000	117,000	79,000	20,000
事 務 部 費	10,000	9,000	1,000	
動 力 部 費	36,000	44,000	80,000	
製 造 部 門 費	130,000	170,000		

予定配賦率

切削部　260　円／時間
仕上部　212.5　円／時間

問2.

実際部門費配賦表

費目	製造部門 切削部	製造部門 仕上部	補助部門 動力部	補助部門 事務部
部 門 費	84,300	115,950	79,750	20,000
事 務 部 費	10,000	9,000	1,000	
動 力 部 費	35,700	45,050	80,750	
製 造 部 門 費	130,000	170,000		

問3.

切 削 部 費

部 門 費	84,300	予定配賦額	(124,800)
事 務 部 費	(10,000)	予 算 差 異	(2,800)
動 力 部 費	(35,700)	操業度差異	(2,400)

仕 上 部 費

部 門 費	115,950	予定配賦額	(172,125)
事 務 部 費	(9,000)		
動 力 部 費	(45,050)		
予 算 差 異	(1,125)		
操業度差異	(1,000)		

動 力 部 費

部 門 費	79,750	切削部費	(35,700)
事 務 部 費	(1,000)	仕上部費	(45,050)

事 務 部 費

部 門 費	20,000	切削部費	(10,000)
		仕上部費	(9,000)
		動力部費	(1,000)

|解説|

問1. 予算部門費配賦表

1. 補助部門の優先順位

他の補助部門への用役提供先の数は、事務部の方が動力部より多いため、事務部費の配賦を優先的に行います。

2．補助部門費の配賦

事務部：

20,000円÷(100人＋90人＋10人)
＝＠100円

切削部への配賦額：
＠100円×100人＝10,000円

仕上部への配賦額：
＠100円×90人＝9,000円

動力部への配賦額：
＠100円×10人＝1,000円

動力部：

(79,000円＋1,000円)÷(450kWh＋550kWh)＝＠80円

切削部への配賦額：
＠80円×450kWh＝36,000円

仕上部への配賦額：
＠80円×550kWh＝44,000円

3．製造部門費予算

切削部：
84,000円＋10,000円＋36,000円
＝130,000円

仕上部：
117,000円＋9,000円＋44,000円
＝170,000円

4．部門別予定配賦率

切削部：130,000円÷500時間＝＠260円
仕上部：170,000円÷800時間＝＠212.5円

問2．実際部門費配賦表

1．補助部門費の配賦

事務部：

20,000円÷(100人＋90人＋10人)
＝＠100円 実際配賦率

切削部への配賦額：
＠100円×100人＝10,000円

仕上部への配賦額：
＠100円×90人＝9,000円

動力部への配賦額：
＠100円×10人＝1,000円

動力部：

(79,750円＋1,000円)÷(420kWh＋530kWh)＝＠85円 実際配賦率

切削部への配賦額：
＠85円×420kWh＝35,700円

仕上部への配賦額：
＠85円×530kWh＝45,050円

2．製造部門費実際発生額

切削部：
84,300円＋10,000円＋35,700円
＝130,000円

仕上部：
115,950円＋9,000円＋45,050円
＝170,000円

問3．勘定記入および差異分析

1．予定配賦額

切削部：＠260円×480時間＝124,800円
仕上部：＠212.5円×810時間＝172,125円

2．差異分析

(1) 固定費率

切削部：＠260円－＠140円＝＠120円
仕上部：＠212.5円－＠112.5円＝＠100円

(2) 固定費予算

切削部：＠120円×500時間＝60,000円
仕上部：＠100円×800時間＝80,000円

(3) 各製造部門費配賦差異

切削部：

予算差異：
(＠140円×480時間＋60,000円)
－130,000円＝△2,800円(不利差異)

操業度差異：
＠120円×(480時間－500時間)
＝△2,400円(不利差異)

仕上部：
　予算差異：
　　（@112.5円×810時間＋80,000円）
　　－170,000円＝＋1,125円（有利差異）

操業度差異：
　@100円×（810時間－800時間）
　＝＋1,000円（有利差異）

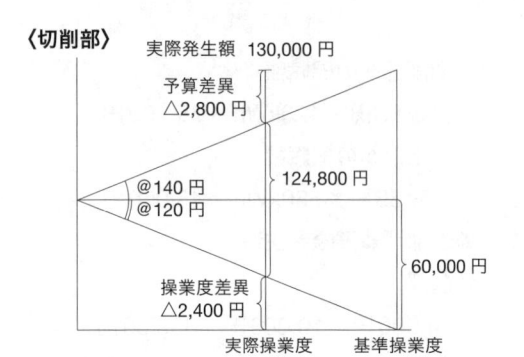

〈切削部〉
実際発生額　130,000円
予算差異　△2,800円
@140円
@120円
124,800円
60,000円
操業度差異　△2,400円
実際操業度　480時間
基準操業度　500時間

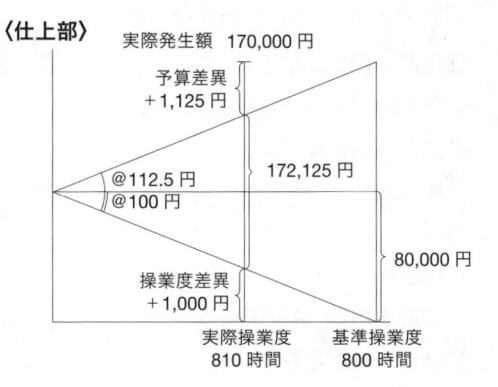

〈仕上部〉
実際発生額　170,000円
予算差異　＋1,125円
@112.5円
@100円
172,125円
80,000円
操業度差異　＋1,000円
実際操業度　810時間
基準操業度　800時間

Chapter 07 実際個別原価計算

Section 01 個別原価計算の基礎知識

問題 01. 完成品原価と仕掛品原価

|解答|

仕 掛 品

前 月 繰 越	(92,000[01])	製　　　品	(164,000)
直 接 材 料 費	(50,000)	次 月 繰 越	(41,000)
直 接 労 務 費	(27,000)		
製 造 間 接 費	(36,000)		
	(205,000)		(205,000)

製 品

前 月 繰 越	(110,000)	売 上 原 価	(216,000)
仕 掛 品	(164,000)	次 月 繰 越	(58,000)
	(274,000)		(274,000)

01) No.100（10/20～10/31）に集計された原価。

指図書別原価計算表

摘　　要	No.100	No.102	No.103	合計
前 月 繰 越	92,000	—	—	92,000
直 接 材 料 費	—	30,000	20,000	50,000
直 接 労 務 費	6,000[02]	12,000	9,000	27,000
製 造 間 接 費	8,000[03]	16,000	12,000	36,000
合　　計	106,000	58,000	41,000	205,000
備　　考	完　成	完　成	仕掛中	

02) No.100（10/20～10/31）直接労務費より

賃率：$\dfrac{18,000円}{60時間}$＝＠300円　　＠300円×20時間＝6,000円

03) No.100（10/20～10/31）製造間接費より

配賦率：$\dfrac{24,000円}{60時間}$＝＠400円　　＠400円×20時間＝8,000円

解説

個別原価計算では、指図書の生産命令量すべてが完成するまで、製品勘定に振り替えません。

なお、分割納入制の場合には、納入した分を製品勘定、さらには売上原価勘定に振り替えます。

No.101は前月までにすべて完成しているので当月の指図書別原価計算表、および仕掛品勘定には関係しません。

Section 02 個別原価計算における仕損の処理

問題 02 仕損費の直接経費処理

解答

No.100に集計される製造原価　　10,012,000　円

No.200に集計される製造原価　　23,708,000　円

解説

指図書別原価計算表

摘　　要	No.100	No.200	No.100-1	No.200-1	
直 接 材 料 費	1,320,000	1,440,000	0	18,000	←＠　120円×払出数量
直 接 労 務 費	5,000,000	13,000,000	120,000	100,000	←＠1,000円×直接作業時間
製 造 間 接 費	3,500,000	9,100,000	84,000	70,000	←＠　700円×直接作業時間
作 業 屑 評 価 額	△12,000	—01)	—	—	
仕 損 品 評 価 額	—	—	—	△20,000	
仕 損 費 振 替 額	204,000 02)	168,000 03)	△204,000 02)	△168,000 03)	
製 造 原 価	10,012,000	23,708,000	0	0	

01) 売却時に原価計算外の収益とするので作業屑評価額を控除しません。
02) 補修指図書の原価を仕損費とし、元の指図書に直接経費として賦課します。
03) 一部仕損のため、代品製造指図書の原価から評価額を控除した額を仕損費とし、元の指図書に直接経費として賦課します。

問題 03 仕損費の間接経費処理

|解答|

(イ)

指図書別原価計算表

	No.101	No.102	No.103	No.104	No.105	No.106
前月繰越	612,300	—	—			
直接材料費	72,000	648,000	936,000	10,800	720,000	201,600
直接労務費						
A製造部門	90,000	870,000	1,800,000	39,000	972,000	246,000
B製造部門	129,600	504,000	1,056,000	38,400	460,800	120,000
製造間接費						
A製造部門	63,000	609,000	1,260,000	27,300	680,400	172,200
B製造部門	68,880	787,200	1,033,200	49,200	885,600	186,960
小　　計	1,035,780	3,418,200	6,085,200	164,700	3,718,800	926,760
仕損品評価額	—	△341,820	—	—	—	△50,000
仕　損　費	164,700	△3,076,380	—	△164,700	—	△876,760
合　　計	1,200,480	0	6,085,200	0	3,718,800	0
備　　考	完　成	損益勘定へ振替	仕　掛　中	No.101へ賦課	完　成	製造間接費−B製造部門勘定へ振替

(ロ)

製造間接費−A製造部門

諸　口	(2,950,000)	仕掛品	(2,811,900)
		総差異	(138,100)
	(2,950,000)		(2,950,000)

仕掛品

前月繰越	(612,300)	製　品	(4,919,280)
直接材料費	(2,588,400)	仕損品	(391,820)
直接労務費	(6,325,800)	仕損費	(4,117,840)
製造間接費	(5,822,940)	次月繰越	(6,085,200)
仕損費	(164,700)		
	(15,514,140)		(15,514,140)

製造間接費−B製造部門

諸　口	(2,134,240)	仕掛品	(3,011,040)
〔仕損費〕	(876,760)		
総差異	(40)		
	(3,011,040)		(3,011,040)

(ハ) 製造間接費−B製造部門の差異分析

予算差異 (8,760)円（借・貸）
操業度差異 (8,800)円（借・貸）
総差異 (40)円（借・貸）

解説

本問は実際個別原価計算における仕損費の処理を問うものです。

I．指図書別原価計算表の作成（小計まで）

(1) 直接材料費

各指図書別の直接材料費
＝予定消費価格（@300円）×各指図書別の直接材料実際消費量

(2) 直接労務費

①予定消費賃率の算定

$$\text{予定消費賃率} = \frac{\text{賃金手当年間予算額}}{\text{年間予定就業時間}}$$

A製造部門：$\dfrac{50,000,000 \text{円}}{100,000 \text{時間}} = $ @500円

B製造部門：$\dfrac{29,000,000 \text{円}}{72,500 \text{時間}} = $ @400円

②予定消費額の算定

各指図書別の直接労務費
＝予定消費賃率×各指図書別の実際直接作業時間

(3) 製造間接費

①予定配賦率の算定

$$\text{予定配賦率} = \frac{\text{製造間接費年間予算額}}{\text{年間基準操業度}}$$

A製造部門：$\dfrac{23,800,000 \text{円}}{68,000 \text{時間}}$ [01] $=$ @350円

B製造部門：$\dfrac{35,916,000 \text{円}}{87,600 \text{時間}}$ [01] $=$ @410円

②予定配賦額の算定

各指図書別の製造間接費
＝予定配賦率×各指図書別の実際操業度

(5) 仕掛品勘定の借方との関連

指図書別原価計算表

摘　　要	合　　計
前 月 繰 越	612,300
直 接 材 料 費	2,588,400
直 接 労 務 費	6,325,800
A製造部門	4,017,000
B製造部門	2,308,800
製 造 間 接 費	
A製造部門	2,811,900
B製造部門	3,011,040
小　　計	15,349,440

仕掛品

前 月 繰 越	612,300	製　　品	4,919,280 [03]
直 接 材 料 費	2,588,400	仕 損 品	391,820 [04]
直 接 労 務 費	6,325,800	仕 損 費	4,117,840 [05]
製 造 間 接 費	5,822,940	次 月 繰 越	6,085,200 [06]
仕 損 費	164,700 [02]		
	15,514,140		15,514,140

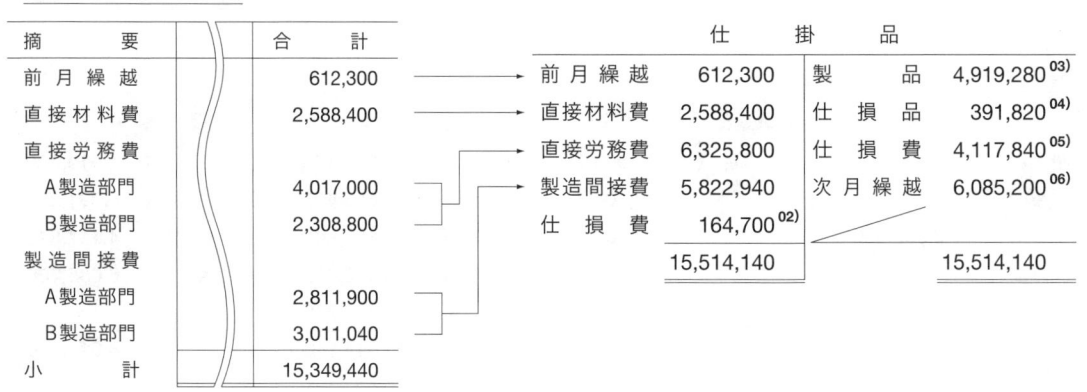

[01] 各製造部門の配賦基準に注意してください。

以下の02)〜06)は、原価計算表が完成した後にそのデータを用いて仕掛品勘定に記帳する内容です。

[02] No101への賦課

[03] 1,200,480円 + 3,718,800円 = 4,919,280円
　　　 No.101　　　　 No.105

[04] 341,820円 + 50,000円 = 391,820円
　　　 No.102　　　 No.106

[05] 3,076,380円 + 164,700円 + 876,760円 = 4,117,840円
　　　 No.102　　　 No.104　　　 No.106

[06] 6,085,200円
　　　 No.103

2．仕損費の把握

No.101　補修可能のケース
　　　　①仕損費＝補修指図書No.104に集計された原価[07]

No.102　全部仕損・代品製造のケース
　　　　②仕損費[08]＝旧製造指図書No.102に集計された原価－仕損品評価額

No.103　一部仕損・代品製造のケース
　　　　③仕損費[09]＝代品製造指図書No.106に集計された原価－仕損品評価額

3．仕損費の処理

①正常仕損費・直接経費処理（仕損の発生した指図書No.101に賦課）
②異常仕損費→非原価項目[10]
③正常仕損費・間接経費処理
　問題文に「B製造部門の製造間接費予算額には仕損費予算が含まれている。」とあるため、間接経費処理します。したがって、No.103の仕損費の欄に記入しません。

[07]　164,700円
[08]　3,418,200円－341,820円＝3,076,380円
[09]　926,760円－50,000円＝876,760円
[10]　問題文中に「通常起こり得ない作業上の…」とあるので、異常仕損と判断します。

4．製造間接費－B製造部門の差異分析

(1) 配賦差異

予定配賦額：@410円 × (168時間＋1,920時間＋2,520時間＋120時間＋2,160時間＋456時間)＝3,011,040円
　　　　　　　　　　　　　　　　7,344時間

実際発生額：2,134,240円＋876,760円
　　　　　　　　　　　　　　No.106より
　　　　　　＝3,011,000円

配賦差異：3,011,040円－3,011,000円
　　　　　＝40円（有利差異）

(2) 差異分析

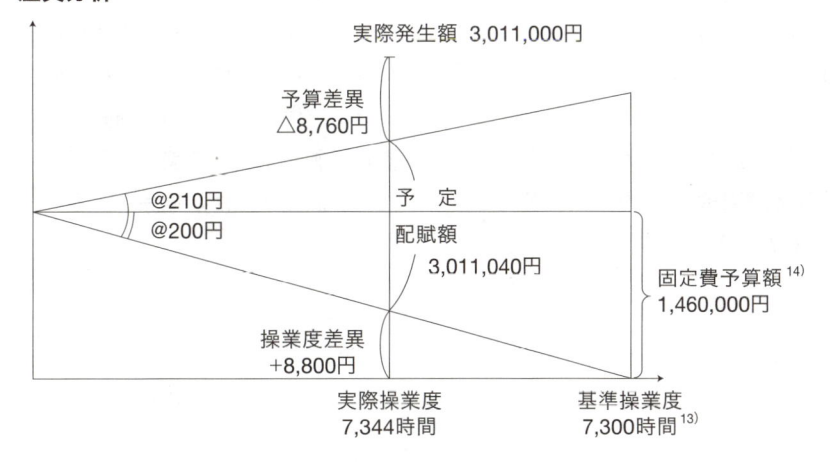

```
                      実際発生額 3,011,000円
              予算差異
              △8,760円
    @210円         予　定
    @200円         配賦額
                   3,011,040円        固定費予算額[14]
                                      1,460,000円
              操業度差異
              ＋8,800円
              実際操業度        基準操業度
              7,344時間         7,300時間[13]
```

7-05

予算差異：
（@210円×7,344時間＋1,460,000円）
－3,011,000円＝△8,760円（不利差異）

操業度差異：
@200円×（7,344時間－7,300時間）
＝8,800円（有利差異）

13) 月間基準操業度：87,600時間÷12カ月＝7,300時間
14) 17,520,000円÷12カ月＝1,460,000円

固定費率：$\dfrac{1,460,000円}{7,300時間}$＝@200円

変動費率：@410円－@200円＝@210円

問題 04 理論問題～個別原価計算における仕損の処理～

|解答|

| 1 | 補修指図書 | 2 | 旧製造指図書 | 3 | 新製造指図書 |
| 4 | 製造原価を見積って | 5 | 製造原価から控除 | | |

|解説|

文章を完成させると以下のようになります。

個別原価計算において、仕損が発生する場合には、原則として次の手続により仕損を計算する。

(1) 仕損が補修によって回復でき、補修のために補修指図書を発行する場合には、（1 **補修指図書**）に集計された製造原価を仕損費とする。

(2) 仕損が補修によって回復できず、代品を製作するために新たに製造指図書を発行する場合において
  1．旧製造指図書の全部が仕損となったときは、（2 **旧製造指図書**）に集計された製造原価を仕損費とする。
  2．旧製造指図書の一部が仕損となったときは、（3 **新製造指図書**）に集計された製造原価を仕損費とする。

(3) 仕損の補修又は代品の製作のために別個の指図書を発行しない場合には、仕損の補修等に要する（4 **製造原価を見積って**）これを仕損費とする。

前記(2)又は(3)の場合において、仕損品が売却価値又は利用価値を有する場合には、その見積額を控除した額を仕損費とする。

軽微な仕損については、仕損費を計上しないで、単に仕損品の見積売却価額又は見積利用価額を、当該製造指図書に集計された（5 **製造原価から控除**）するにとどめることができる。

Chapter 08 総合原価計算の基礎

Section 02 単純総合原価計算

01 月末仕掛品の評価（平均法・修正先入先出法）

|解答|

完成品原価の差額　　960　円

|解説|

1．平均法の場合

		月初仕掛品	完成品
材	52,000円	1,000個	7,000個
加	16,760円	(500個)	
		当月投入	
材	450,000円	9,000個	月末仕掛品
加	249,000円	(8,300個)	3,000個
			(1,800個)

	合計	合計	単位原価
材	502,000円	10,000個	@50.2円
加	265,760円	(8,800個)	@30.2円
	767,760円		

Step 1　月末仕掛品原価の算定

材　@50.2円×3,000個＝150,600円
加　@30.2円×1,800個＝　54,360円
　　　　　　　　　　　 204,960円

Step 2　完成品原価の算定

767,760円－204,960円＝562,800円

2．修正先入先出法の場合

		月初仕掛品	完成品
材	52,000円	1,000個	7,000個
加	16,760円	(500個)	
		当月投入	
材	450,000円	9,000個	月末仕掛品
加	249,000円	(8,300個)	3,000個
			(1,800個)

合計　767,760円

Step 1　月末仕掛品原価の算定

材　$\dfrac{450,000 \text{円}}{9,000 \text{個}} \times 3,000 \text{個} = 150,000 \text{円}$

加　$\dfrac{249,000 \text{円}}{8,300 \text{個}} \times 1,800 \text{個} = \underline{\ 54,000 \text{円}}$

　　　　　　　　　　　　　　　　204,000円

Step 2　完成品原価の算定

767,760円－204,000円＝563,760円

3．完成品原価の差額

563,760円－562,800円＝960円

問題 02 純粋先入先出法

|解答|

月初仕掛品完成分の完成品単位原価 83.76 円／個
当月着手完成分の完成品単位原価 80 円／個

|解説|

純粋先入先出法では、月初仕掛品から完成した分の完成品単位原価と、当月着手から完成した分の完成品単位原価とを区別して計算します。

	月初仕掛品	月初仕掛品から完成
材 52,000円	1,000個	
加 16,760円	(500個)	1,000個
	当月投入	当月着手から完成
材 450,000円	9,000個	6,000個
加 249,000円	(8,300個)	
		月末仕掛品 3,000個 (1,800個)

合計 767,760円

Step 1 当月着手から完成した分の完成品原価と完成品単位原価の算定

完成品原価：

材 $\dfrac{450,000 円}{9,000 個} \times 6,000 個 =$ 300,000円

加 $\dfrac{249,000 円}{8,300 個} \times 6,000 個 =$ 180,000円

480,000円

完成品単位原価：

480,000円 ÷ 6,000個 = @80円

Step 2 月初仕掛品から完成した分の完成品原価と完成品単位原価の算定

完成品原価：

修正先入先出法による完成品原価563,760円[01]から、上記の当月着手完成分の完成品原価を控除して算定します。

563,760円 − 480,000円 = 83,760円

完成品単位原価：

83,760円 ÷ 1,000個 = @83.76円

01) 問題1での計算結果です。

問題 03 追加材料の処理（平均的投入・終点投入）

|解答|

当月の完成品原価　　1,424,290　円

解説

追加材料の処理に関する問題です。本問における追加材料はB材料とC材料ですが、B材料は工程を通じて平均的に投入されるため、加工費と同様に処理します。これは追加材料費の発生の仕方が加工費と同様であると考えられるためです。また、C材料は工程の終点で投入されるため、すべて完成品に負担させます。

		月初仕掛品		完成品	
A	00,750円	A	500個		2,200個
B	43,600円	B	(350個)[01]		
C	0円	C	0個		
加	83,300円	加	(350個)[01]		
		当月投入		月末仕掛品	
A	457,600円	A	2,080個	A	380個
B	285,600円	B	(2,040個)	B	(190個)[02]
C	120,640円	C	2,200個	C	0個
加	489,600円	加	(2,040個)	加	(190個)[02]

合計
1,580,090円

01) 500個×70%＝350個
02) 380個×50%＝190個

Step 1　月末仕掛品原価の算定

A材料費(工程の始点で投入)：

$$\frac{457,600 \text{円}}{2,080 \text{個}} \times 380 \text{個} = 83,600 \text{円}$$

B材料費(平均的投入)と加工費：
ともに完成品換算量によって配分するため、まとめて計算すると効率的です。

$$\frac{(285,600 \text{円} + 489,600 \text{円})}{2,040 \text{個}} \times 190 \text{個}$$

$$= 72,200 \text{円}$$

C材料費(工程の終点で投入)：
月末仕掛品にはC材料は含まれていません。
∴0円

Step 2　完成品原価の算定

1,580,090円 − 83,600円 − 72,200円
＝ 1,424,290円

問題 04 追加材料の処理(途中点投入)

解答

当月の完成品原価　1,364,000 円
当月完成品単位原価　124 円／個

解説

追加材料の処理に関する問題です。特にY材料は工程の途中点で投入されるため、仕掛品原価の算定に注意が必要です。

月初仕掛品		完成品
X 103,000円[01]	X 2,000個	11,000個
Y 0円[01]	Y 0個	
Z 0円[01]	Z 0個	
加 20,000円	加 (600個)	
当月投入		
X 650,000円	X 13,000個	月末仕掛品
Y 585,000円	Y 15,000個	X 4,000個
Z 50,000円	Z 11,000個	Y 4,000個
加 384,000円	加 (12,800個)	Z 0個
		加 (2,400個)
合計 1,792,000円		

[01] 月初仕掛品の加工進捗度は30％、Y材料の投入点は40％であるため、月初仕掛品にはY材料は含まれていません。また、Z材料の投入点は終点であるため、Z材料も含まれていません。よって、月初仕掛品の材料費はX材料費のみです。
月初仕掛品のX材料費：123,000円(月初仕掛品原価)−20,000円(うち加工費)
　　　　　　　　　＝103,000円

Step 1　月末仕掛品原価の算定

X材料費(工程の始点で投入)：

$$\frac{650,000 \text{円}}{13,000 \text{個}} \times 4,000 \text{個} = 200,000 \text{円}$$

Y材料費(工程の40％点で投入)：

加工進捗度は60％であるため、月末仕掛品にはY材料が含まれています。

$$\frac{585,000 \text{円}}{15,000 \text{個}} \times 4,000 \text{個} = 156,000 \text{円}$$

Z材料費(工程の終点で投入)：

月末仕掛品にはZ材料が含まれていません。
∴ 0円

加工費：

$$\frac{384,000 \text{円}}{12,800 \text{個}} \times 2,400 \text{個} = 72,000 \text{円}$$

Step 2　完成品原価と完成品単位原価の算定

1,792,000円 − 200,000円 − 156,000円
− 72,000円 = 1,364,000円

1,364,000円 ÷ 11,000個 = @124円

問題 05 理論問題〜単純総合原価計算〜

|解答|

| ア | 同　種 | イ | 反復連続 | ウ | 期首仕掛品 | エ | 単位原価 |

|解説|

　最も基本的な単純総合原価計算を通じて、総合原価計算と個別原価計算の相違点についても確認しておきましょう。

Chapter 09 総合原価計算と仕損・減損(1)

Section 01 仕損・減損の基礎知識

問題 01 異常仕損費の計算

|解答|

月末仕掛品原価 502,200 円 　　異常仕損費 141,750 円
完成品総合原価 1,428,750 円 　　完成品単位原価 318 円／個

仕 掛 品				（単位：円）
前 月 繰 越	229,950	製　　　　品	(	1,428,750)
直 接 材 料 費	789,750	損　　　　益	(	141,750)
加 　 工 　 費	1,053,000	次 月 繰 越	(	502,200)
	2,072,700			2,072,700

|解説|

異常仕損が生じている場合の処理を問う問題です。

1. 生産データを材料費と加工費に分けて整理し、ボックスに記入します。

		月初仕掛品	完成品
材	128,250円	900個	4,500個
加	101,700円	(540個)	
		当月投入	
材	789,750円	5,850個	異常仕損
加	1,053,000円	(5,850個)	450個
			(450個)[01]
			月末仕掛品
			1,800個
			(1,440個)

合計 2,072,700円

01) 異常仕損は終点で発生しているため、加工進捗度100％として計算します。

2．原価配分

Step 1　月末仕掛品原価の算定

材 　$\dfrac{789,750\ 円}{5,850\ 個} \times 1,800\ 個 = 243,000\ 円$

加 　$\dfrac{1,053,000\ 円}{5,850\ 個} \times 1,440\ 個 = 259,200\ 円$

　　　　　　　　　　　　　　502,200 円

Step 2　異常仕損費の算定

材 　$\dfrac{789,750\ 円}{5,850\ 個} \times 450\ 個 = 60,750\ 円$

加 　$\dfrac{1,053,000\ 円}{5,850\ 個} \times 450\ 個 = 81,000\ 円$

　　　　　　　　　　　　　　141,750 円

Step 3　完成品原価と完成品単位原価の算定

2,072,700円 − 502,200円 − 141,750円
　= 1,428,750円

1,428,750円 ÷ 4,500個 ≒ @318円
　　　　　　　　（円位未満四捨五入）

3．異常仕損費の勘定記入

異常仕損費は非原価項目として製造原価から控除し、損益勘定に振り替えます。

Section 02　非度外視法

問題02　正常減損非度外視法 〜減損が定点で発生〜

|解答|

問1．

| 月末仕掛品原価 | 502,200 | 円 |
| 完成品総合原価 | 1,570,500 | 円 | 完成品単位原価 | 349 | 円/kg |

問2．

| 月末仕掛品原価 | 546,858 | 円 |
| 完成品総合原価 | 1,525,842 | 円 | 完成品単位原価 | 339 | 円/kg |

|解説|

本問では、正常減損の処理方法として非度外視法を採用しています。正常減損の発生点を把握し、正常減損費の負担関係を確認しましょう。

問1．正常減損が工程の終点で発生した場合

正常減損は工程の終点で発生しているため、正常減損費を完成品にのみ負担させます。

1．生産データを材料費と加工費に分けて整理し、ボックスに記入します。

```
              ┌─────────────┬─────────────┐
              │ 月初仕掛品  │ 完成品      │
材  128,250円 │    900kg    │   4,500kg   │
加  101,700円 │   (540kg)   │             │
              ├─────────────┼─────────────┤
              │ 当月投入    │ 正常減損    │
材  789,750円 │   5,850kg   │    450kg    │
加 1,053,000円│  (5,850kg)  │  (450kg)01) │
              │             ├─────────────┤
              │             │ 月末仕掛品  │
              │             │   1,800kg   │
              │             │  (1,440kg)  │
              └─────────────┴─────────────┘
        合計
      2,072,700円
```

01)　正常減損は終点で発生しているため、加工進捗度100%として計算します。

2. 原価配分

Step 1　月末仕掛品原価の算定

材　$\dfrac{789,750 円}{5,850kg} \times 1,800kg = 243,000 円$

加　$\dfrac{1,053,000 円}{5,850kg} \times 1,440kg = 259,200 円$

　　　　　　　　　　　　　502,200 円

Step 2　正常減損費の算定

材　$\dfrac{789,750 円}{5,850kg} \times 450kg = 60,750 円$

加　$\dfrac{1,053,000 円}{5,850kg} \times 450kg = 81,000 円$

　　　　　　　　　　　　　141,750 円

Step 3　完成品原価の算定

2,072,700 円 − 502,200 円 − 141,750 円
= 1,428,750 円

3. 正常減損費の追加配賦

正常減損費を完成品にのみ負担させます。

完成品原価：
　1,428,750 円 + 141,750 円 = 1,570,500 円
　　　　　　　　　正常減損費

完成品単位原価：
　1,570,500 円 ÷ 4,500kg = @349 円

問2．正常減損が工程の50％点で発生した場合

本問では、正常減損の発生点（50％）を月末仕掛品（加工進捗度80％）が通過しているため、完成品と月末仕掛品の両者に正常減損費を負担させます。

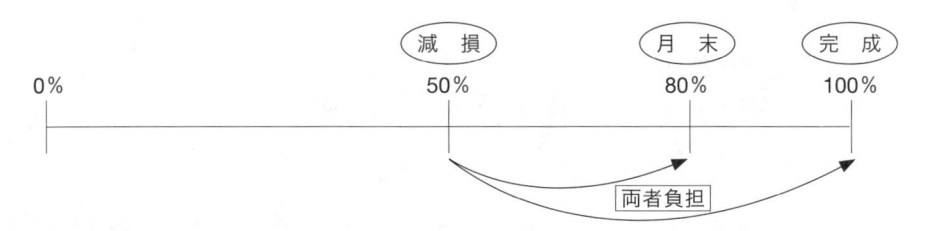

```
         減損        月末        完成
0%       50%        80%        100%
|─────────|──────────|──────────|
              └──両者負担──┘
```

1．生産データを材料費と加工費に分けて整理し、ボックスに記入します。

		月初仕掛品	完成品
材	128,250円	900kg	4,500kg
加	101,700円	(540kg)	
		当月投入	
材	789,750円	5,850kg	正常減損
加	1,053,000円	(5,625kg)	450kg
			(225kg)[02]
			月末仕掛品
			1,800kg
			(1,440kg)

合計
2,072,700円

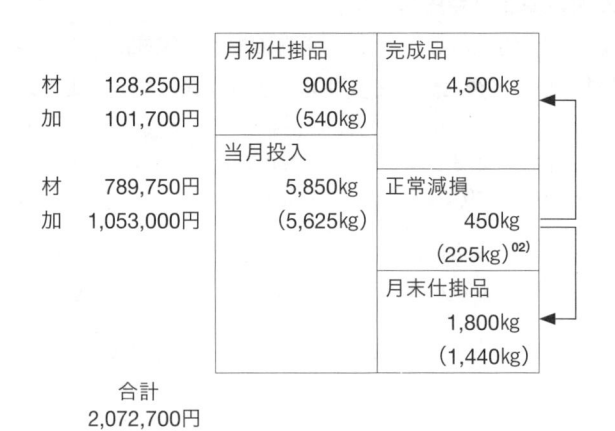

02) 450kg×50％＝225kg

2．原価配分

Step 1　月末仕掛品原価の算定

材　$\dfrac{789,750\text{円}}{5,850\text{kg}} \times 1,800\text{kg} = 243,000\text{円}$

加　$\dfrac{1,053,000\text{円}}{5,625\text{kg}} \times 1,440\text{kg} = 269,568\text{円}$

$512,568\text{円}$

Step 2　正常減損費の算定

材　$\dfrac{789,750\text{円}}{5,850\text{kg}} \times 450\text{kg} = 60,750\text{円}$

加　$\dfrac{1,053,000\text{円}}{5,625\text{kg}} \times 225\text{kg} = 42,120\text{円}$

$102,870\text{円}$

Step 3　完成品原価の算定

$2,072,700\text{円} - 512,568\text{円} - 102,870\text{円}$
$= 1,457,262\text{円}$

3．正常減損費の按分

按分基準は数量です。また、先入先出法によっているため、完成品のうち当月投入完成分と月末仕掛品数量の比率で按分します。

完成品負担分：

$102,870\text{円} \times \dfrac{3,600\text{kg}^{03)}}{3,600\text{kg}^{03)} + 1,800\text{kg}}$
$= 68,580\text{円}$

月末仕掛品負担分：

$102,870\text{円} \times \dfrac{1,800\text{kg}}{3,600\text{kg}^{03)} + 1,800\text{kg}}$
$= 34,290\text{円}$

4．正常減損費の追加配賦

月末仕掛品原価：

$512,568\text{円} + \underbrace{34,290\text{円}}_{正常減損費} = 546,858\text{円}$

完成品原価：

$1,457,262\text{円} + \underbrace{68,580\text{円}}_{正常減損費} = 1,525,842\text{円}$

完成品単位原価：

$1,525,842\text{円} \div 4,500\text{kg} \fallingdotseq @339\text{円}$

　　　　　　　（円位未満四捨五入）

03)　完成品4,500kg−月初仕掛品完成分900kg=3,600kg

問題 03　正常減損非度外視法 ～減損が平均的に発生～

|解答|

月末仕掛品原価	540,000	円			
完成品総合原価	1,532,700	円	完成品単位原価	341	円／kg

解説

正常減損が工程を通じて平均的に発生しているため、正常減損費を完成品と月末仕掛品の両者に負担させます。

1．生産データを材料費と加工費に分けて整理し、ボックスに記入します。

	月初仕掛品	完成品
材 128,250円	900kg	4,500kg
加 101,700円	(540kg)	
	当月投入	
		正常減損
材 789,750円	5,850kg	450kg
加 1,053,000円	(5,625kg)	(225kg)[01]
		月末仕掛品
		1,800kg
		(1,440kg)

合計 2,072,700円

[01] 正常減損が工程を通じて平均的に発生している場合には、減損の加工進捗度を50%とみなします。

2．原価配分

Step 1　月末仕掛品原価の算定

材　$\dfrac{789,750 円}{5,850kg} \times 1,800kg = \underline{243,000 円}$

加　$\dfrac{1,053,000 円}{5,625kg} \times 1,440kg = \underline{269,568 円}$

　　　　　　　　　　　　　$\underline{512,568 円}$

Step 2　正常減損費の算定

材　$\dfrac{789,750 円}{5,850kg} \times 450kg = \underline{60,750 円}$

加　$\dfrac{1,053,000 円}{5,625kg} \times 225kg = \underline{42,120 円}$

　　　　　　　　　　　　　$\underline{102,870 円}$

Step 3　完成品原価の算定

2,072,700円 − 512,568円 − 102,870円
= 1,457,262円

3．正常減損費の按分

按分基準は完成品換算量です。また、先入先出法によっているため、完成品量のうち当月投入完成分と月末仕掛品量の比率で按分します。

完成品負担分：

$102,870 円 \times \dfrac{3,960kg^{[02]}}{3,960kg^{[02]} + 1,440kg}$
= 75,438 円

月末仕掛品負担分：

$102,870 円 \times \dfrac{1,440kg}{3,960kg + 1,440kg}$

= 27,432 円

4．正常減損費の追加配賦

月末仕掛品原価：

512,568円 + $\underbrace{27,432 円}_{正常減損費}$ = 540,000円

完成品原価：

1,457,262円 + $\underbrace{75,438 円}_{正常減損費}$ = 1,532,700円

完成品単位原価：

1,532,700円 ÷ 4,500個 ≒ @341円
（円位未満四捨五入）

[02] 当月完成品4,500kg−月初仕掛品完成分540kg=3,960kg

Section 03 度外視法

問題 04 正常減損度外視法 ～減損が定点で発生～

|解答|

問1．
月末仕掛品原価　502,200 円
完成品総合原価　1,570,500 円　完成品単位原価　349 円/kg

問2．
月末仕掛品原価　544,050 円
完成品総合原価　1,528,650 円　完成品単位原価　340 円/kg

|解説|

本問では、正常減損の処理方法として度外視法を採用しています。正常減損の発生点を把握し、正常減損費の負担関係を確認しましょう。

問1．正常減損が工程の終点で発生した場合

本問では、正常減損は工程の終点で発生しているため、正常減損費を完成品にのみ負担させます。

1．生産データを材料費と加工費に分けて整理し、ボックスに記入します。

	月初仕掛品	完成品
材　128,250円	900kg	4,500kg
加　101,700円	(540kg)	
	当月投入	
材　789,750円	5,850kg	正常減損
加　1,053,000円	(5,850kg)	450kg
		(450kg)
		月末仕掛品
		1,800kg
		(1,440kg)

合計　2,072,700円

2．原価配分

Step 1　月末仕掛品原価の算定

材　$\dfrac{789,750\text{円}}{5,850\text{kg}} \times 1,800\text{kg} = $ 243,000円

加　$\dfrac{1,053,000\text{円}}{5,850\text{kg}} \times 1,440\text{kg} = $ 259,200円

502,200円

Step 2　完成品原価と完成品単位原価の算定

完成品原価：
2,072,700円 − 502,200円 = 1,570,500円

完成品単位原価：
1,570,500円 ÷ 4,500kg = @349円

問2．正常減損が工程の50％点で発生した場合

本問では、正常減損の発生点（50％）を月末仕掛品（加工進捗度80％）が通過しているため、正常減損費を完成品と月末仕掛品の両者に負担させます。

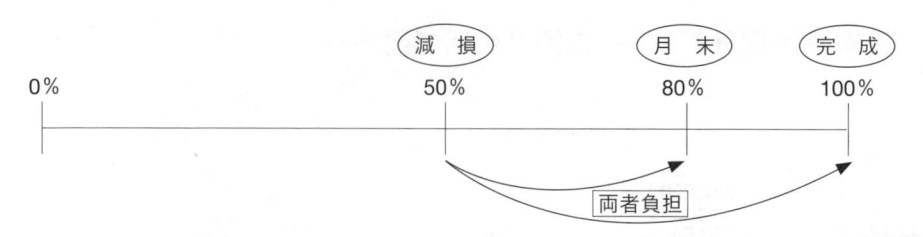

```
    0%              50%         80%        100%
                   減損          月末        完成
    |───────────────|───────────|──────────|
                     _____両者負担_____/
```

1. 生産データを材料費と加工費に分けて整理し、ボックスに記入します。度外視法による両者負担の場合には下記のように正常減損分を除いたボックスを作成します。

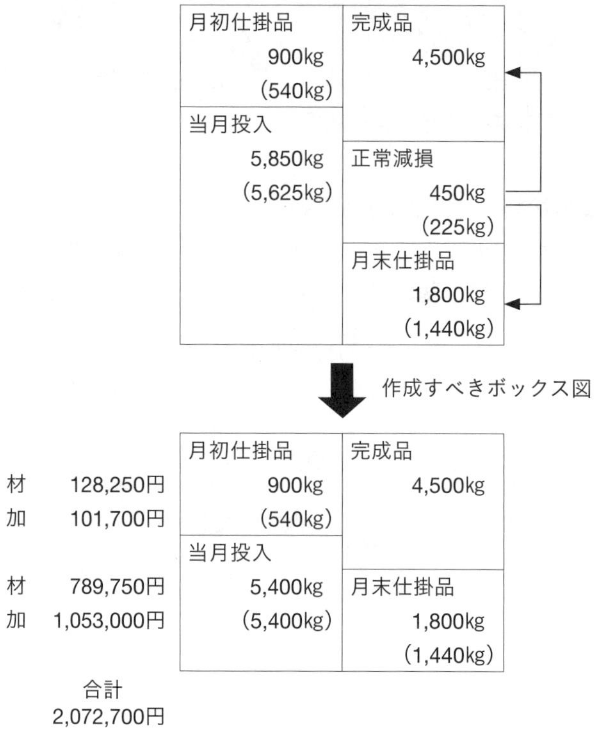

```
┌─────────────┬─────────────┐
│ 月初仕掛品    │ 完成品       │
│    900kg    │   4,500kg   │
│   (540kg)   │             │
├─────────────┼─────────────┤
│ 当月投入      │ 正常減損     │
│   5,850kg   │    450kg    │
│  (5,625kg)  │   (225kg)   │
│             ├─────────────┤
│             │ 月末仕掛品    │
│             │   1,800kg   │
│             │  (1,440kg)  │
└─────────────┴─────────────┘
```

↓ 作成すべきボックス図

```
材  128,250円   ┌─────────────┬─────────────┐
加  101,700円   │ 月初仕掛品    │ 完成品       │
                │    900kg    │   4,500kg   │
                │   (540kg)   │             │
                ├─────────────┤             │
材  789,750円   │ 当月投入      │             │
加 1,053,000円  │   5,400kg   ├─────────────┤
                │  (5,400kg)  │ 月末仕掛品    │
                │             │   1,800kg   │
                │             │  (1,440kg)  │
                └─────────────┴─────────────┘
      合計
    2,072,700円
```

2．原価配分

Step 1　月末仕掛品原価の算定

材　$\dfrac{789,750\text{円}}{5,400\text{kg}} \times 1,800\text{kg} = 263,250\text{円}$

加　$\dfrac{1,053,000\text{円}}{5,400\text{kg}} \times 1,440\text{kg} = \underline{280,800\text{円}}$

　　　　　　　　　　　　　544,050円

Step 2　完成品原価と完成品単位原価の算定

完成品原価：
　2,072,700円 － 544,050円 = 1,528,650円

完成品単位原価：
　1,528,650円 ÷ 4,500kg ≒ @340円
　　　　　　　（円位未満四捨五入）

問題 05 正常減損度外視法〜減損が平均的に発生〜

|解答|

月末仕掛品原価　**544,050** 円
完成品総合原価　**1,528,650** 円　　完成品単位原価　**340** 円／kg

|解説|

本問では、正常減損が工程を通じて平均的に発生しているため、正常減損費を完成品と月末仕掛品の両者に負担させます。

1. 生産データを材料費と加工費に分けて整理し、ボックスに記入します。度外視法による両者負担の場合、正常減損分を除いたボックスを作成します。

		月初仕掛品	完成品
材	128,250円	900kg	4,500kg
加	101,700円	(540kg)	
		当月投入	
材	789,750円	5,400kg	月末仕掛品
加	1,053,000円	(5,400kg)	1,800kg
			(1,440kg)

合計 2,072,700円

2. 原価配分

Step 1　月末仕掛品原価の算定

材　$\dfrac{789,750 円}{5,400 kg} \times 1,800 kg = 263,250 円$

加　$\dfrac{1,053,000 円}{5,400 kg} \times 1,440 kg = 280,800 円$

544,050 円

Step 2　完成品原価と完成品単位原価の算定

完成品原価：
　2,072,700円 − 544,050円 = 1,528,650円

完成品単位原価：
　1,528,650円 ÷ 4,500kg ≒ @340円
　　　　　　　　　　（円位未満四捨五入）

問題 06 理論問題〜総合原価計算における減損費の処理〜

|解答|

| 1 | ○ | 2 | × | 3 | ○ | 4 | × | 5 | × |

|解説|

正常減損非度外視法と正常減損度外視法について、完成品総合原価や月末仕掛品原価の計算結果の比較をまとめると次のようになります。

正常減損の発生態様	負担関係	非度外視法と度外視法の計算結果
①始点発生	両者負担	同じ
途中点発生 ②正常減損 ≦ 月末仕掛品 　の発生点　　加工進捗度	両者負担	**異なる**
③正常減損 > 月末仕掛品 　の発生点　　加工進捗度	完成品のみ負担	同じ
④終点発生	完成品のみ負担	同じ
⑤平均発生	両者負担	**異なる**

1．上表の④のケースです。正常減損が終点で発生した場合、正常減損費は完成品のみに負担させることが理論的です。完成品のみに負担させる場合、非度外視法と度外視法のいずれであっても、月末仕掛品には正常減損費をまったく負担させない計算を行うため、双方の計算結果は同じになります。上記③のケースも同様です。

　具体的には、問題2 問1と問題4 問1の計算内容と結果を比較してみましょう。

2．上表の②のケースです。途中点発生の正常減損費を完成品と月末仕掛品の両者に負担させる場合、非度外視法と度外視法とでは正常減損費のうちの加工費の負担の基準が異なります。非度外視法では、数量を基準として負担させる（完成品1単位：月末仕掛品1単位＝1：1）のに対して、度外視法では、完成品換算量を基準として負担させます（完成品1単位：月末仕掛品1単位＝1：月末仕掛品の加工進捗度）。

　具体的には、問題2 問2と問題4 問2の計算内容と結果を比較してみましょう。

3．上表の①のケースです。正常減損が始点で発生した場合、正常減損費は完成品と月末仕掛品の両者に負担させることが理論的です。この場合、正常減損には加工費が生じていません。よって、上記2．のような相違は生じないため、非度外視法と度外視法の計算結果は同じになります。

4．上表の⑤のケースです。この場合、非度外視法と度外視法とでは正常減損費のうちの直接材料費の負担の基準が異なります。非度外視法では、完成品換算量を基準として負担させる（完成品1単位：月末仕掛品1単位＝1：月末仕掛品の加工進捗度）のに対して、度外視法では、数量を基準として負担させます（完成品1単位：月末仕掛品1単位＝1：1）。

　具体的には、問題3と問題5の計算内容と結果を比較してみましょう。

5．非度外視法や度外視法は、正常減損についての処理方法です。異常減損については、非原価項目であるため、必ず独立して計算する必要があります。

　具体的には、異常仕損の問題ではありますが、問題1において、非度外視法もしくは度外視法の指示がなかったことを確認しましょう。

Section 04 仕損品評価額の処理

問題 07 正常仕損非度外視法（仕損品評価額あり）～仕損が定点で発生～

|解答|

月末仕掛品原価　　533,358　円
完成品総合原価　1,498,842　円　　完成品単位原価　　333　円／個

（単位：円）

仕 掛 品

前 月 繰 越 （　　229,950　）	製　　　　　　品 （　1,498,842　）
直 接 材 料 費 （　　789,750　）	仕　　損　　品 （　　　40,500　）
加　　工　　費 （　1,053,000　）	次 月 繰 越 （　　533,358　）
（　2,072,700　）	（　2,072,700　）

|解説|

本問では、正常仕損の発生点（50％）を月末仕掛品（加工進捗度80％）が通過しているため、正常仕損費を完成品と月末仕掛品の両者に負担させます。

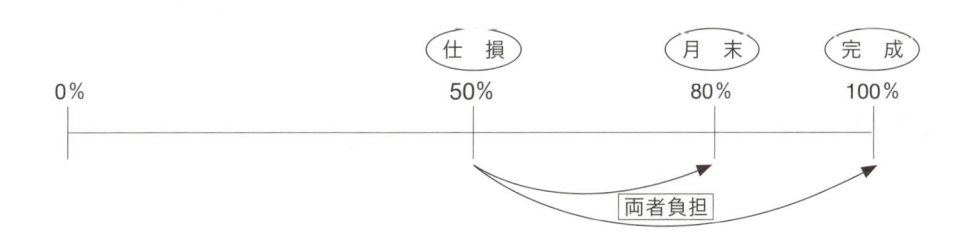

```
0%            仕損         月末        完成
              50%          80%         100%
                    └──両者負担──┘
```

I．生産データを材料費と加工費に分けて整理し、ボックスに記入します。

```
                  ┌─────────────┬─────────────┐
                  │ 月初仕掛品    │ 完成品       │
材   128,250円    │    900個     │   4,500個    │
加   101,700円    │   （540個）  │              │
                  ├─────────────┼─────────────┤
                  │ 当月投入      │ 正常仕損     │
材   789,750円    │   5,850個    │    450個     │
加 1,053,000円    │  （5,625個） │   （225個）  │
                  │              ├─────────────┤
                  │              │ 月末仕掛品   │
                  │              │   1,800個    │
                  │              │  （1,440個） │
                  └─────────────┴─────────────┘
合計
2,072,700円
```

2．原価配分

Step 1　月末仕掛品原価の算定

材　$\dfrac{789{,}750\text{ 円}}{5{,}850\text{ 個}} \times 1{,}800\text{ 個} = 243{,}000\text{ 円}$

加　$\dfrac{1{,}053{,}000\text{ 円}}{5{,}625\text{ 個}} \times 1{,}440\text{ 個} = 269{,}568\text{ 円}$

　　　　　　　　　　　　　　　512,568 円

Step 2　正常仕損品原価の算定

材　$\dfrac{789{,}750\text{ 円}}{5{,}850\text{ 個}} \times 450\text{ 個} = 60{,}750\text{ 円}$

加　$\dfrac{1{,}053{,}000\text{ 円}}{5{,}625\text{ 個}} \times 225\text{ 個} = 42{,}120\text{ 円}$

　　　　　　　　　　　　　　　102,870 円

Step 3　完成品原価の算定

2,072,700 円 － 512,568 円 － 102,870 円
＝ 1,457,262 円

3．正常仕損費の算定

仕損品評価額：@90 円 × 450 個 ＝ 40,500 円

正常仕損費：

　102,870 円 － 40,500 円 ＝ 62,370 円
　正常仕損品原価

4．正常仕損費の按分

按分基準は数量です。また、先入先出法によっているため、完成品のうち当月投入完成分と月末仕掛品数量の比率で按分します。

完成品負担分：

$62{,}370\text{ 円} \times \dfrac{3{,}600\text{ 個}^{01)}}{3{,}600\text{ 個}^{01)} + 1{,}800\text{ 個}}$

＝ 41,580 円

月末仕掛品負担分：

$62{,}370\text{ 円} \times \dfrac{1{,}800\text{ 個}}{3{,}600\text{ 個} + 1{,}800\text{ 個}}$

＝ 20,790 円

5．原価の集計

月末仕掛品原価：

　512,568 円 ＋ 20,790 円 ＝ 533,358 円
　　　　　　　正常仕損費

完成品原価：

　1,457,262 円 ＋ 41,580 円 ＝ 1,498,842 円
　　　　　　　　正常仕損費

完成品単位原価：

　1,498,842 円 ÷ 4,500 個 ≒ @333 円

　　　　　　　　　（円位未満四捨五入）

6．仕掛品勘定の記入

仕損品評価額は、仕掛品勘定から仕損品勘定に振り替えます。

01)　当月完成品4,500個－月初仕掛品完成分900個＝3,600個

問題 08　正常仕損度外視法（仕損品評価額あり）　～仕損が定点で発生～

|解答|

月末仕掛品原価　530,550　円
完成品総合原価　1,501,650　円　　完成品単位原価　334　円／個

（単位：円）

	仕　掛　品		
前 月 繰 越	(229,950)	製　　　　品	(1,501,650)
直 接 材 料 費	(789,750)	仕　損　品	(40,500)
加　工　費	(1,053,000)	次 月 繰 越	(530,550)
	(2,072,700)		(2,072,700)

解説

本問では、正常仕損の発生点（50％）を月末仕掛品（加工進捗度80％）が通過しているため、正常仕損費を完成品と月末仕掛品の両者に負担させます。

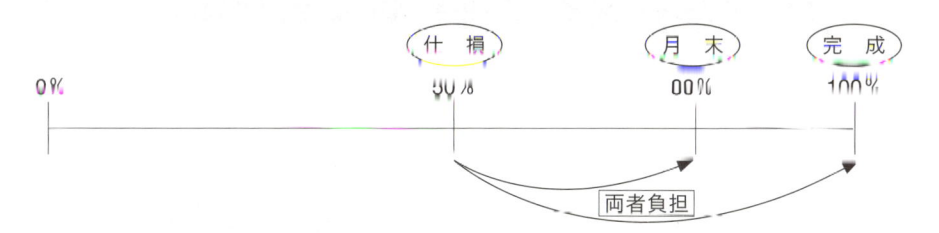

```
              仕損         月末        完成
0%            50%         80%        100%
                └─両者負担─┘
```

1. 生産データを材料費と加工費に分けて整理し、ボックスに記入します。度外視法による両者負担の場合、正常仕損分を除いたボックスを作成します。

		月初仕掛品	完成品
材	128,250円	900個	4,500個
加	101,700円	(540個)	
		当月投入	
材	749,250円[01]	5,400個	月末仕掛品
加	1,053,000円	(5,400個)	
			1,800個
			(1,440個)
合計			
2,032,200円			

[01] 仕損品評価額控除後の当月製造費用（材料費）：
789,750円−40,500円[02]＝749,250円

[02] 両者負担の場合、当月製造費用から仕損品評価額を控除します。また、本問での仕損品の評価額は、材料の価値に依存しているため、材料費から当該評価額を控除します。
仕損品評価額：@90円×450個＝40,500円
なお、仕損費を完成品のみに負担させる場合は、完成品原価から仕損品評価額を控除します。

2. 原価配分

Step 1 月末仕掛品原価の算定

材 $\dfrac{749,250 円}{5,400 個} \times 1,800 個 = 249,750 円$

加 $\dfrac{1,053,000 円}{5,400 個} \times 1,440 個 = 280,800 円$

530,550円

Step 2 完成品原価と完成品単位原価の算定

完成品原価：
2,032,200円 − 530,550円 ＝ 1,501,650円

完成品単位原価：
1,501,650円 ÷ 4,500個 ≒ @334円
（円位未満四捨五入）

3. 仕掛品勘定の記入

仕損品評価額は、仕掛品勘定から仕損品勘定に振り替えます。

これに対応して、当月製造費用の直接材料費は、上記のボックスでの金額とは異なり、仕損品評価額控除前の金額となります。

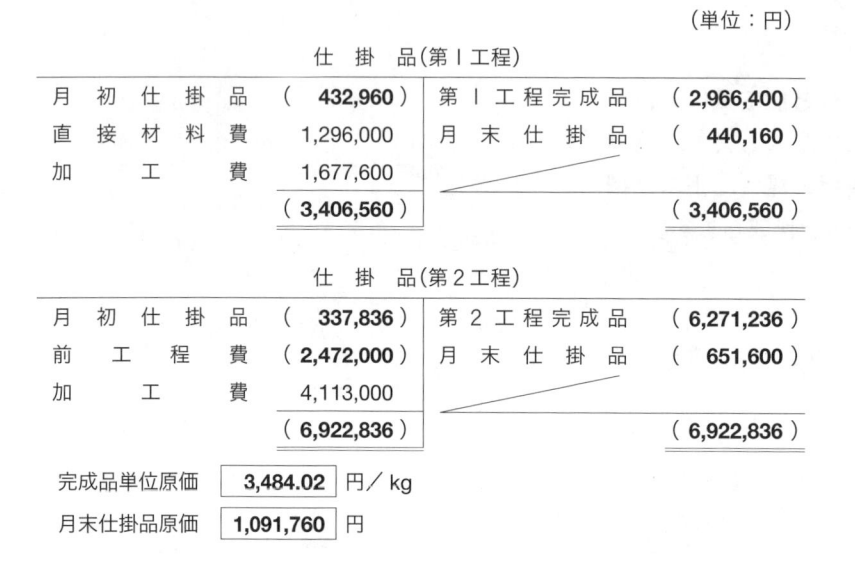

Chapter 10 工程別総合原価計算(1)

Section 01 工程別総合原価計算～累加法～

問題 01 累加法

|解答|

(単位:円)

仕 掛 品(第1工程)

月初仕掛品 (432,960)	第1工程完成品	(2,966,400)
直接材料費 1,296,000	月末仕掛品	(440,160)
加工費 1,677,600		
(3,406,560)		(3,406,560)

仕 掛 品(第2工程)

月初仕掛品 (337,836)	第2工程完成品	(6,271,236)
前工程費 (2,472,000)	月末仕掛品	(651,600)
加工費 4,113,000		
(6,922,836)		(6,922,836)

完成品単位原価 　3,484.02　円/kg

月末仕掛品原価 　1,091,760　円

|解説|

1. 第1工程の計算

正常減損の発生点(40%)を月末仕掛品(加工進捗度80%)が通過しているため、正常減損費を完成品と月末仕掛品の両者に負担させます。

(1)生産データを材料費と加工費に分けて整理し、ボックスに記入します。

第1工程

	月初仕掛品	完成品	
材 266,400円	500kg	2,400kg	第2工程へ
加 166,560円	(250kg)		2,000kg
	当月投入		
材 1,296,000円	2,300kg	月末仕掛品	
加 1,677,600円	(2,470kg)	400kg	
		(320kg)	
合計	合計	単位原価	
材 1,562,400円	2,800kg	@558円	
加 1,844,160円	(2,720kg)	@678円	
3,406,560円			

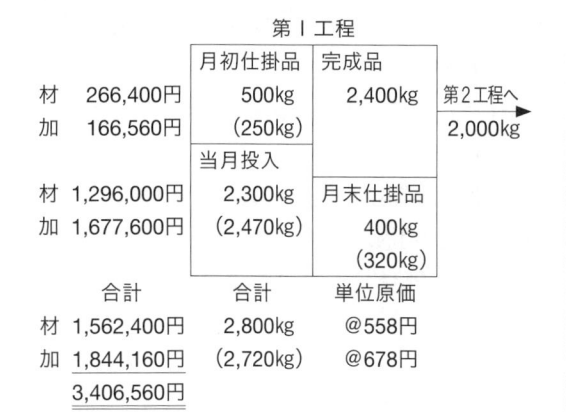

(2)原価配分

Step 1　月末仕掛品原価の算定

材　@558円 × 400kg = 223,200円
加　@678円 × 320kg = 216,960円
　　　　　　　　　　　 440,160円

Step 2　第1工程完成品原価と単位原価の算定

第1工程完成品原価:
　3,406,560円 − 440,160円 = 2,966,400円
第1工程完成品単位原価:
　2,966,400円 ÷ 2,400kg = @1,236円

2．第2工程の計算

正常減損は工程を通じて平均的に発生しているため、正常減損費を完成品と月末仕掛品の両者に負担させます。

(1) 生産データを前工程費と加工費に分けて整理し、ボックスに記入します。

第2工程

		月初仕掛品	完成品
前	252,372円	200kg	1,800kg
加	85,464円	(40kg)	
		当月投入	
前	2,472,000円[01]	1,900kg	月末仕掛品
加	4,113,000円	(1,880kg)	300kg
			(120kg)
		合計	合計	単位原価
前	2,724,372円	2,100kg	@1,297.32円
加	4,198,464円	(1,920kg)	@2,186.7 円
	6,922,836円		

(2) 原価配分

Step 1 月末仕掛品原価の算定

材　@1,297.32円 × 300kg = 389,196円
加　@2,186.7 円 × 120kg = 262,404円
　　　　　　　　　　　　　651,600円

Step 2 完成品原価（第2工程完成品原価）と単位原価の算定

完成品原価：
　6,922,836円 − 651,600円 = 6,271,236円

完成品単位原価：
　6,271,236円 ÷ 1,800kg = @3,484.02円

3．月末仕掛品原価の集計

工程別総合原価計算では、月末仕掛品が工程別に計算されます。

440,160円 + 651,600円 = 1,091,760円
　第1工程　　第2工程

---

01) @1,236円 × 2,000kg = 2,472,000円
　　第1工程完成品の全部が第2工程に振り替えられていないことに注意してください。

問題 02 累加法〜工程間振替での予定価格の適用〜

|解答|

完成品原価 　429,000　円
振替差異　　 3,210　円（**貸方** 差異）

|解説|

正常減損は工程を通じて平均的に発生しているため、正常減損費を完成品と月末仕掛品の両者に負担させます。

1. 生産データを前工程費と加工費に分けて整理し、ボックスに記入します。

		月初仕掛品	完成品
前	24,500円	100kg	880kg
加	11,000円	(50kg)	
		当月投入	
前	220,500円[01]	880kg	月末仕掛品
加	212,250円	(890kg)	100kg
			(60kg)
	合計	合計	単位原価
前	245,000円	980kg	@250 円
加	223,250円	(940kg)	@237.5円
	468,250円		

2. 原価配分

Step 1　月末仕掛品原価の算定

材　@250円　×100kg ＝ 25,000円
加　@237.5円×60kg　 ＝ 14,250円
　　　　　　　　　　　　39,250円

Step 2　完成品原価（第2工程完成品原価）の算定

完成品原価：
468,250円 － 39,250円 ＝ 429,000円

3. 振替差異の算定

第1工程の能率を測定するため、予定価格による第2工程への完成品振替額と実際発生額の差額を振替差異として算定します。

220,500円 － 217,290円
　予定振替額　　実際発生額

＝ 3,210円（貸方差異（有利差異））

[01]　@245円×900kg＝220,500円
　　　第1工程完成品は第2工程に予定価格で振り替えられています。

問題 03 理論問題〜工程別総合原価計算〜

|解答|

ア	前工程費	イ	原料費	ウ	予定原価

|解説|

累加法におけるポイントは、前工程費です。次工程にとって、前工程製品の原価計算上の扱いは、外部から購入する原料と変わりません。

ネットスクール出版

ネットスクール出版